だいわ文庫

amazonの哲学

桑原晃弥

大和書房

はじめに

アマゾンを憎らしく思いながらも、ついアマゾンを使ってしまう人は少なくありません。

以前、ある出版社の編集長と話していた時のことです。彼はアマゾンのことを「何とも厄介な存在」と言いながらも、プライベートでは「気が付くとたくさんの買い物をしている」ことを苦笑しながら話してくれました。

出版業界だけでなく、様々な業界関係者にとって、アマゾンは手ごわいライバルでありながらも、日常的にはなくてはならない存在になっているのです。

そんなアマゾンが事業を開始したのは１９９５年7月のこと。それから四半世紀も経たないうちに、一時的とはいえ時価総額1兆ドルを記録する企業となり、今やアップルやグーグル、フェイスブックとともに「ＧＡＦＡ」と呼ばれる超巨大ＩＴ企業の一角を占めているのですから、その成長ぶりは驚くほかありません。

それだけに今や「アマゾン」を知らない人はほとんどいないと思いますが、「ジェフ・ベゾス」を知る人はそれほど多くはないのではないでしょうか。

もちろんアメリカにおいては、ドナルド・トランプ大統領とツイッターで口論をしたり、ビル・ゲイツをはるかにしのぐ世界一のお金持ちになるなど高い知名度を誇っています。しかし、日本での知名度はそれほど高いとは言えません。

ベゾスはアマゾンを今日の規模に育て上げた人物です。創業期から、アマゾンを自らが望む文化を持つ企業に育てることに注力してきただけに、アマゾンを知るうえではベゾスを知ることが欠かせません。

ベゾスのすごさは、アマゾンの「原動力となる三つの考え方」を着実に守り続けたことにあります。

①常に顧客中心に考える
②発明を続ける
③長期的な視点で考える

ベゾスは「将来」について、数字などを挙げて詳しく語ることを好みませんが、どんなビジネスを手がけるにしろ、この三つの考え方に基づいた企業であり続けたいと話しています。

この三つの考え方の大切さは誰しもすぐに理解できますが、ではこの三つの考え方に常に忠実であり続けることができるかというと案外難しいものです。「顧客中心」を掲げながら、心の中では顧客が決して一番ではないことも多いのではないでしょうか。あるいは、「長期的視点」の大切さを理解しながらも、目先の利益ばかりを追いかけてはいないでしょうか。「イノベーティブ」でありたいと願いながらも、失敗を恐れて挑戦をためらってはいないでしょうか。

アマゾンを見る時、人はその巨大さばかりに目を奪われがちですが、実は私たちが目を向けるべきはアマゾンをここまで成長させたベゾスの考え方であり、アマゾンの経営手法なのではないでしょうか。

アマゾンはたしかに恐るべき相手ですが、同時に学ぶべき点をたくさん持つ企業でもあります。ベゾスを知ること、アマゾンを知ることは、インターネットが変えたマーケティングの常識や顧客サービスのありよう、経営手法などを知ることでもあります。

なかには「そんなの当たり前だろう」とか、「もう知っているよ」というものもあるかと思いますが、大切なのは「見たことがある」とか「知っている」ではなく、「やっているか」です。たとえ知っていてもやらなければ何の意味もありません。

ベゾスはトヨタ式の「なぜを5回繰り返す」が気に入るとすぐに取り入れたり、コストコに学んでたくさんの手法を取り入れるなど、「これはいいな」と思ったものはすぐに大胆に取り入れることでアマゾンを成功へと導いています。

本書を読みながら、「これは知っている」と感じたら、「じゃあ、やっているか？」と問いかけてみてください。「これは良さそうだな」と感じたら、一度はやってみてください。そうすることで今後のあなたの仕事や人生はきっとより豊かなものとなるはずです。

本書がみなさまのお役に少しでも立つことができれば、これに勝る幸せはありません。

本書の執筆と出版には大和書房の林陽一氏にご尽力をいただきました。心より感謝申し上げます。

桑原 晃弥

第一章　すべてはお客さまのために

第二章　利益よりも、まず成長ありき

第三章 より速く、より長く

第四章 ライバルを食い、自分も食え

第一章
すべてはお客さまのために

ライバルを見るな、顧客を見ろ

アマゾンの強みは、一度使ってしまうと、アマゾンのない生活が考えにくくなると言われるほどの利便性にあります。

最初に名前や住所、支払い方法などを登録してしまえば、次からはワンクリックで買い物が可能になります。

その品ぞろえも今や2億種類以上、「流通モンスター」と言われるほど圧倒的です。スタートした時点では本の販売だけでしたが、今や日用品や家電、ファッションなど「ないものを探すのが難しい」ほどの多彩な品ぞろえをしています。

価格の安さも広く知られているうえに配送スピードも速く、重くて運ぶのが大変な米やペットボトルなどを定期的に購入する人もたくさんいます。

また、こうしたサービスをより安く、より便利に利用するための使い放題サービス「アマゾン・プライム」も、次々と魅力的な特典を充実させ、会員数を増やしています。

アメリカのプライム会員は、2017年7月時点で8500万人、日本でも800万人と推定される会員数を誇っています。ここでも多くの人が「プライム会員にならないことはあり得ない選択だ」と思い始めています。

最近ではプライム・ミュージックやプライム・ビデオといった動画や音楽の配信サービスも積極的に推し進めており、かつてブルームバーグテレビジョン（経済専門通信社ブルームバーグが運営する経済専門の衛星テレビジョン放送局）の関係者が懸念を示していたように「アマゾンは世界制覇を目指しているのか？」が現実のものになりつつあります。

ここまでくると、たしかに「アマゾンのない生活」を想像することはとても難しくなってきます。

2018年11月、ベゾスは社内会議で「大きすぎて潰せない会社ではない。いつか倒産する」といった趣旨の発言をして話題になりましたが、その言葉とは裏腹に、もはや多くの人にとってアマゾンは「あって当然」の存在となりつつあるのです。

「これでもか」というほどの顧客体験を実現する

普通はこれほどの成功を遂げれば、その歩みが鈍化するものですが、アマゾンに関してはー向にその気配はありません。一体、なぜでしょうか？

理由はベゾスがライバルなど眼中になく、**ただひたすらに顧客だけを見続けているから**と考えられます。早い段階からこう言い続けています。

「**私たちが注意を払う相手は顧客であって、競争相手ではありません。**競争相手をよく観察し、学ぶべきところは学ぶ。また、良いサービスを顧客に提供していれば、自分たちもできるだけそのサービスを採り入れようとする。でも、競争相手を意識するつもりはまったくありません」

実際、ベゾスはコストコ（アメリカ生まれの会員制の大型倉庫店。日本にも26店舗ある）の創業者ジム・シネガルからはたくさんのことを学び、「いいアイデアを厚かましく盗ん」でもいますが、その際の基準もやはり「顧客体験」の向上につながるかどうかでした。こう言い切っています。

「我々としては、もちろん参入する分野のすべてにおいてリーダーになりたいと考えています。そして、**リーダーになるのは、これでもかというほどの顧客体験に焦点を合わせたところ**のはずです」

ベゾスによるとそれぞれの分野でみんなが思い浮かべる、頭に入れておくべきブランドはせいぜい三つとなります。もちろんブランド自体は各分野にいくつもありますが、それぞれの分野で真のリーダーになれるのは1社か2社であり、それをもたらすのは「圧倒的な顧客体験を実現した会社のみ」というのがベゾスの考え方なのです。

理由は、競争においてライバルの動きにばかり目を奪われていると肝心の顧客のニーズを見落としてしまうということがよくあるからです。

横を見て、「あそこがやっているならうちもやろう」などとやっていると、脇から来た新参者にすべてを奪われてしまうというのもよくあることです。実際、多くの書店にとってアマゾンはそんな厄介な新参者でした。

創業当初、ベゾスはバーンズ&ノーブル（アメリカ最大の書店チェーン）のようなライバルにも目を配っていますが、それ以上に顧客に集中し、他社が真似できないほどのサービスを素早く次々とつくり上げるというのがベゾスの戦略でした。こう話しています。

「毎朝心配で目が覚めます。他社との競合ではなくて、顧客のことが思い浮かぶからです」

ライバルと「そこそこ」の争いを繰り広げるのならライバルだけを見ていればいいのですが、他社を「圧倒する」つもりならライバルではなく顧客だけを見て、とことん顧客に集中する方がいいのです。勝者を決めるのはいつだって顧客なのですから。

そんなベゾスの「顧客志向」がどのように生まれ、育まれたのかについて以下見ていくことにします。

地球上で最も「顧客中心」の会社

ジェフ・ベゾスによると、アマゾンには原動力となる三つの考え方があります。

一つは**「常に顧客中心に考える」**こと、二つ目は**「発明を続ける」**こと、そして三つ目は**「長期的な視野で考える」**ことです。

なかでも一つ目の「顧客中心に考える」については、「私はアマゾンを地球上で最も顧客中心の会社にしたい」と言うほど早くから意識し続けています。

そこには創業前と創業直後の強烈な体験が影響しています。

1994年9月、ベゾスは本の販売について学ぶために全米小売書店協会（A

BA）が主催する4日間の入門講座を受講していますが、そこでカスタマー・サービスに関するとてもためになる話を聞いています。

ある書店に来たお客さまが「店の2階にあるバルコニーから誰かが植木鉢の泥を捨てたため車が汚れた」とクレームをつけてきました。

「洗車させていただけますか」と言った店主は最初、洗車できるガソリンスタンドを教えましたが、あいにく改装中でした。店主は怒るお客さまの車を自宅へ運び、バケツと洗剤とホースを使って、まるで新車を洗うかのように丁寧に洗車をしました。

その車は一体いつ洗車をしたのかと思えるほど汚れており、塗装もはがれかかっていましたが、店主はそんなことはお構いなしに最新型のキャデラックであるかのように丁寧に扱いました。

すると感激したお客さまは恐縮してお礼を言ったばかりか、午後再び店にやってきて、たくさんの本を買ってくれたうえに、友人にも店の親切さを話してくれました。
この話を聞いたベゾスは**カスタマー・サービスでやりすぎるということはない**し、特に本を売るビジネスではこうした姿勢が必要だと痛感したといいます。

「満足した顧客は、製品が良かったことを平均3人に話すが、不満のある顧客は、平均11人に不平をもらす」は「マーケティングの神様」フィリップ・コトラーの言葉ですが、ベゾスはネット上の口コミは、現実世界の口コミよりもはるかに大きな影響力を持っていると考えています。

実際、満足を得られなかった顧客は、現実の世界ではほんの数人にしか不満をもらせませんが、ネット上でなら数千人、数万人といった規模で不満を広めることが可能となります。

ベゾスがこれほど口コミにこだわる理由は創業期の経験にあります。こう話しています。

「事業を始めた年に、口コミの威力を経験したことで、我々はカスタマー・サービスを重視する方針を採るようになりました」

実際、アマゾンが創業からわずか1ヶ月で全米だけでなく、世界45か国にまで利用者を広げることができたのはインターネットのお陰でした。利用した人が勝手に広めてくれ、ヤフーが「クールだ」と言って取り上げてくれるなど、広告などしなくとも、それだけでたくさんの利用者を獲得することができたのです。

顧客に「感動」を与え続けよ

ネット上にはたくさんの「中傷する」人もいますが、こうした中傷にきめ細かく対応することは不可能です。

だとすれば、やるべきことはただ一つ、顧客との約束を守り、顧客が感動するほどのサービスを提供し続けることだけです。

満足した顧客は、ひいきの企業の熱烈な支持者となり、ネットを利用して「アマゾンは素晴らしい」という評価を広め、自然と新規の顧客を獲得する手助けをしてくれるようになります。

これほどの熱烈なファンは、どれほど大金をつぎ込んで広告したところで簡単に獲得できるものではありません。大切なのはどこよりもすぐれたサービスを提供し続けることです。こう話しています。

「旧世界では持ち時間の30%をかけてサービスを生み出し、残りの70%をその宣伝のために充《あ》てていました。しかし、新世界ではこの比率は逆転しています」

かつて企業がブランドを築くためには、持てる資金の多くを宣伝につぎ込むことが必要でしたが、ネット時代にやるべきは**持てる資金や時間の大半をすぐれた顧客体験の実現に使うこと**であり、宣伝の占める比率はとても小さくなったというのがベゾスの考え方です。

しかしその一方でネットの世界の流行は移ろいやすく、すぐれたサービスもあっという間に当たり前になってしまいます。ベゾスはこう考えています。

「自社の顧客が誠実かどうか尋ねられたら、私は『もちろんです。ほかの誰かがうちより良いサービスを提供するようになるまでは』と答えます」

「どんなマーケティングでも駄作をヒットさせることはできない」はスティーブ・ジョブズの言葉ですが、たしかに製品やサービスの質が他社より劣るのであれば、どれほど大量の広告費を投入したところでやがて顧客にそっぽを向かれてしまいます。

大切なのは「ほかの誰か」がより良いサービスを生み出す前に、よりすぐれたサービスをつくり続けることです。それさえできれば広告に頼らなくとも顧客はずっと誠実であり続けてくれるというのがベゾスの考え方です。

とにかく「スピード」を重視せよ。より速く、より便利に！

アマゾンが電子書籍に進出し、電子書籍リーダー「キンドル」を発売した理由はいくつかありますが、その一つに「注文から楽しむまでの余計な手間を減らす」があります。

アマゾンの配送スピードは今やとても速いものですが、それでも紙の本の場合、注文してから手に取り、そして読むまでにはある程度の時間が必要になります。ましてや世界中のどこにでも素早く届けるなど今の段階では不可能です。

一方、キンドルならば、部屋にいながらワンクリックで注文して、ほんの数秒後には欲しい本を読むことが可能になります。

そこにはベゾスの**「自分が顧客の立場ならどうしてもらいたいか」**という思考法が色濃く出ています。

創業して間もない頃、ベゾスはネットを使って本を購入する人が重視するものは「品ぞろえ」「利便性」「価格」の三項目であると気づきました。

現実の書店に行って本を買うというのは今も昔も変わらず楽しい体験です。書店に並ぶたくさんの本を眺めているだけでもわくわくしますし、本を手に取り、パラパラとページをめくるのもとても楽しいことです。

もちろんこうした楽しさはネットでは提供できませんが、それとはまったく違う楽しさを提供することができれば、サイトを訪れる人を感動させ、素晴らしい顧客体験を提供できるのではないかというのがベゾスの考え方でした。

時間は、最も貴重な資源

1995年7月、アマゾンはサイトのトップページにこんなあいさつ文を掲載しました。

「アマゾン・ドット・コムへようこそ！　100万タイトルの中からお目当ての書籍をお探しください。いつでも低価格でご提供します」

アマゾンの創業当時、現実の書店に置かれた本の数は最大でも約17万タイトルでしたが、ネットを使えば出版されている英語の書籍約150万タイトルを網羅することさえ不可能ではありませんでした。

ベゾスはこう考えました。

「これだけ膨大で多様な商品があれば、あらゆる種類の在庫を揃えた真の意味のスーパーストアを構築できるはずです。そして顧客もそれを評価してくれるでしょう」

とはいえ、商品が多すぎると選ぶことも買うことも大変になるというのが一般的な考え方です。そこでベゾスがとことんこだわったのが、欲しい本にすぐにたどり着くことができて、かつ簡単に購入できるという**「摩擦《まさつ》のない買い物」**をできるようにすることでした。

そのためにベゾスは、アマゾンの起業からサービス開始まで8カ月もの準備期間をかけています。それはすべて**「初めてのことをしようと思えば、そこまでしなくてもと思われるくらい熱心かつ根気よく作業を進める必要がある」**という考えからでした。

その仕事ぶりをアマゾンのベータテストを経験したグレン・フライシュマンがこう話しています。

「今日の企業は、たとえサイトに欠陥がたくさんあっても、見切り発車的にサービスを開始せざるを得ないんです。でもアマゾンは、時の流れが恐ろしく速いネットの世界においてでさえ、数ケ月かけて、生身の人間の手を借りてバグを取り除きました」

その甲斐あってか、アマゾンのスタート時には不具合の98％は解消され、想定外の問題が起きることはありませんでした。

その後もベゾスは「ワンクリック」という仕組みを発明することで、とことん「手間のかからない買い方」を実現していますが、それほどに「速さ、簡単さ」にこだわるのは理由があります。こう話しています。

「私は、最も貴重な資源は時間であるという、20世紀後半によく言われた理論を今も踏襲《とうしゅう》しています。お金と時間を節約できるなら、みんな気に入ってくれます」

とことん速さ、簡単さにこだわったベゾスですが、同様の情熱を注いだのが配送スピードをいかに速めるかでした。

「顧客がアマゾンのことを知る数少ない接点は、ウェブサイトと郵送で受け取る本だけ」と考えるベゾスは、次々と物流倉庫を増やし、主にプライム会員を対象に日時指定や当日お急ぎ便を導入、さらに最短2時間で商品を届ける「プライム・ナウ」といったサービスを導入することで他社との差別化を図っています。

数年前、目指す配送スピードについて、アマゾンジャパン合同会社のジェフ・

ハヤシダ社長は「目標はドミノピザの速さ」と語っていましたが、今やその言葉もジョークに聞こえないほど「より速く、より便利に」進化し続けています。

もちろんそこには数々の軋轢《あつれき》や解決すべき問題があるわけですが、「すべてはお客さまのために」を掲げるベゾスが「世界最大の品ぞろえ、最も安い価格、便利なサービス」を追求する姿勢を崩すとは考えられません。「時間の圧倒的な節約」は、たくさんの人がアマゾンを選ぶ最大の理由の一つとなっています。

利幅の小ささを「参入障壁」にする

アマゾンの基本戦略は創業以来変わることなく、「品揃え」「利便性」「価格」を追求するところにあります。電子書籍リーダー「キンドル」や、クラウド上のサーバー機能を提供するＡＷＳ（アマゾン・ウェブ・サービス）の価格設定にはベゾスの考え方がよく表れています。

ベゾスにとってスティーブ・ジョブズは手強いライバルでしたが、一方でキンドルの開発に際して「ジョブズの失敗」は繰り返したくないと考えていました。**高すぎる価格設定はライバルの参入を容易にし、競争を激化させる**からです。

ビジネスにおいてものをいくらで売るかという「値決め」はとても重要なポイントになります。高すぎても売れないし、安すぎると肝心の利益が出なくなる恐れがあります。

強いブランド力を武器に高い価格を平気でつけるのがジョブズのやり方です。2001年、ジョブズが自信満々で発表したiPodの価格は399ドルでした。ポケットに1000曲を詰め込めるというコンセプト自体は良かったし、説明書不要の使いやすさも抜群でした。

しかし、すでにあった小型のMP3プレーヤーに比べて価格が高すぎるということで、当初、市場の評価はかんばしいものではありませんでした。

「いい製品だが、売れないのでは」というのが市場の見方でした。ジョブズは「iPodより高いスニーカーがある」と言ってこんな声など気にも留めませんでしたし、実際、iPodは世界的な大ヒット製品となりましたが、ベゾスはジョブズお得意の「高価格、高利益」というやり方には否定的でした。

利益率の高い製品が大ヒットすれば、企業は多くの利益を手にすることができます。しかし、一方で利益が大きいということはライバルメーカーが参入しやすい市場ということであり、アップルと似た製品をアップルよりも安く売ることで成功できるということも意味しています。アップルのブランド力は圧倒的ですが、やはり「より安いもの」を求める人もたくさんいるのです。

ベゾスは言います。

「そちらの利幅はこちらのチャンス」

利幅が大きければライバルは増えることになりますが、利幅が小さければライバルにとってうま味のない市場であり、参入をためらうことになります。結果、ベゾスはキンドルの発売に際しては、コストを下げ、いかに安くするかに腐心しています。もちろんそこには「顧客が『買う』時ではなく、『使う』時に稼ぐ」という戦略があるわけですが、ベゾス自身、価格に関してはこう言い続けています。

「私たちは小さい顧客ベースに対して高マージンで提供するよりも、大きな顧客ベースに低マージンで提供したいのです」

それは、書籍などのあらゆる商品の販売や、キンドルなどのハードウェアの価格設定でも同様です。

成功企業をつくる「二つのやり方」

なかでも低い価格設定で他社を圧倒しているのがAWSです。2006年、AWSスタートに際してメンバーが提案した価格は「収支トントン」でしたが、ベゾスはその価格を却下して、驚くほどの低料金にしています。

「その値段だと、長期にわたって赤字が続くことになりますよ」と心配する社員に、ベゾスは「上等だ」と言って取り合いませんでした。

大きな利幅はベゾスにとって参入のチャンスとなり、利幅の小ささはアマゾンにとって参入障壁の役割を果たしてくれます。ベゾスは成功する企業を二通りに分類しています。

「成功する会社をつくり上げるやり方には二つあります。一つはとにかく働いて働いて、その分の**高いマージンを消費者に納得してもらう**やり方です。もう一つはとにかく働いて働いて働いて、**できるだけ低マージンで提供できるものをつくる**というやり方です。どちらのやり方も有効です。私たちは、完全に後者です」

「キンドル」には価格の高さゆえにサムスンなどの参入を容易にしたジョブズの失敗が生かされていましたが、AWSもアマゾンが扱うほかの商品と同じく「利益はお客さまに還元する」という方針を貫いています。

サービスの開始から10年余りの間に実に60回を超える値下げを実施し、CIAやネットフリックスなどもAWSの利用者となるなど、世界におけるクラウド市場の約3分の1のシェアを握っています。

ベゾスのやり方に対しライバル企業は「絶対に儲かっているはずがない」と高をくっていました。

実際、クラウドは利益率がそれほど高いビジネスではありませんが、そこに圧倒的なスケールを持ち込むことに成功したことで、ベゾスはＡＷＳを大きな収益を上げる事業に育て上げています。

まさに**「高いシェアが収益をもたらす」**典型です。結果、今やほとんどのライバル企業が「もうアマゾンには太刀打ちできない」と諦め気味になっています。

価格の決め方は企業によってさまざまですが、ベゾスは「どうすれば値段を上げられるか」ではなく、「どうすれば値段を下げられるか」を考えることでアマゾンを大きく成長させることができたのです。

「顧客からの批判」は即座に生かせ

ベゾスは社内の批判や株主の批判に対してはいくらでも冷淡でいることができますが、こと顧客からの批判に関しては即座に反応します。**社員の満足度は気にも留めませんが、顧客満足度には異常なほど敏感**なのがベゾスです。

インターネットを使ったビジネスの特徴の一つは、ユーザーからの反応がダイレクトかつ即座に返ってくることです。

たとえば紙に印刷した本や雑誌であれば、かつてはハガキや電話を通しての反応であり量も少なく、すぐに意見や感想が分かるということはありませんでした。

しかし、インターネットサービスの場合は、立ち上げたその瞬間からユーザーの評価が「☆いくつ」といった形で出たり、コメントが即座に書きこまれたりすることになります。

ベゾスはこうした特徴に早くから気づいていました。こう話しています。

「オンライン事業の素晴らしい点の一つは、何か間違ったことをしていないか、**どうやったらうまくやれるのかという疑問に対する答えを顧客が教えてくれる**ことです」

1998年、アマゾンは本以外の分野へ進出しています。その一つが音楽分野ですが、その際、音楽CDのサイトには各ジャンルの音楽を代表する「必須CD」が10点掲載されていました。このリストは「主観」に基づいて選ばれたものかどうかと尋ねられたベゾスはこう答えています。

「もちろん主観的です。ただ、オンラインの世界について、ちょっと言わせてください。もし私たちの選択が的外れで、たとえばひどくつまらないジャズ・

アルバムをリストに載せていた場合、短期間に抗議のメールが殺到し、私たちはすぐにフィードバックすることができ、リストは完璧なものになっていきます。それが、オンラインであることの利点の一つなんです」

これがベゾスのやり方です。何か新しいことを始めた時、最初から完璧であるのは難しいことです。もちろん完璧を目指して準備は行いますが、それでもユーザーからはたくさんの要望や抗議の声が寄せられることになります。もしこうした声を無視すれば何が起きるのでしょうか。

ディケンズでさえ「批判」を生かしていた

2006年、フェイスブックが「ニュースフィード」というサービスを開始した時のことです。この機能を使うと、友だちが誰かと新たに友だちになったり、写真を追加したり、あるいは新しい活動をすると「友だち全員」に自動的に知らせることになります。

サービス開始と同時に「プライバシーの侵害だ」といった反対の声が上がり始め、「ニュースフィードに反対する学生会」といったコミュニティグループにはまたたく間に75万人もの人々が集まることになりました。

こうした声に対して、当初、マーク・ザッカーバーグは平静を装っていましたが、反対意見の広がりの大きさを受け、プライバシーの設定を細かく変更するとともに「私たちはこの件で大きな失敗をしてしまいました」というお詫びを発表、修正を余儀なくされました。

オンライン事業ではこのように新しいサービスについて賛否の声がすぐに上がり、広がっていきます。製品やサービスに関する口コミが日々山のように書き込まれています。

サービスに満足しなかった顧客は現実の世界では数人の友人に不満をもらすだけですが、インターネット上ではその顧客の不満はまたたく間に広がっていくというのがベゾスの考え方です。

顧客の声に耳を傾けることの大切さについて、「クリスマス・キャロル」などで有名なイギリスの作家チャールズ・ディケンズを例に、こう話しています。

「ディケンズでさえ、前作への批判には耳を傾け、それを次回作に生かしていました」

顧客の批判には真摯《しんし》に耳を傾けて、それを次回作どころか、「即座に」生かすのがインターネットの世界です。こう話しています。

「顧客とともに始め、それをフィードバックして私たちはイノベーションを行っています。これが私たちのイノベーションの試金石となっています」

一例がＡＷＳのサービス開発です。ＡＷＳは幾度も価格を下げる一方で、ユーザーが使ってみたくなるようなたくさんのサービスを次々と投入しています。その数は２０１１年には82でしたが、２０１６年には１０７１と圧倒的な数になっています。それを支えるのが顧客の声なのです。

ＡＷＳジャパンの長崎忠雄社長はこう話しています。

「世界中のお客さまの声を聞き、ニーズが多いものに優先順位をつけて新サービスのロードマップをつくっている」

「顧客中心の考え方は、自然にできるようになるものではない」はフィリップ・コトラーの言葉です。常日頃「お客さま第一」を掲げながら実態はそうではない企業は少なくありませんが、ベゾスは「顧客中心」と言い続け、それを実践し続けることでいつの間にか多くの人にとって「なくてはならない存在」としての地位を確立したと言うことができます。

アマゾンは、ものを売って儲けない。顧客の判断を「手助け」して儲ける

アマゾンを躍進させたのはベゾスの「すべてはお客さまのために」という徹底した顧客志向ですが、なかでも画期的だったのが「何がお客さまのためになるか」を追求した結果として生まれた「カスタマーレビュー」ではないでしょうか。

1997年5月、書店最大手のバーンズ&ノーブルがオンライン書店をスタートさせました。アマゾンが勝つためにはリアル書店では難しい、オンラインだからこそできるサービスを提供することが必要でした。

アマゾンが生み出したサービスはたくさんあります。たとえば買いたいと

思った商品を取り置きできる「ショッピングカート」や、一回のクリックで買い物ができる「ワンクリック」、年会費を払えば通常より迅速な発送が可能になる「アマゾン・プライム」、お客さまが注文した際や発送時に確認のメールが送られる「電子メール通知」といった今ではみんなが当たり前のように使っているサービスが代表例です。

顧客から信頼されるために

なかでも特徴的なのが「カスタマーレビュー」です。

アマゾンは、ユーザーに自分が買った本やその他の商品のレビュー（5つ星で表す評価や感想）を書くように薦めています。何を書くかはユーザーの自由です。自分が実際に読んだ本や、使ってみた製品について良いことも悪いことも含めて自由に書くことができます。「いいな」と思えば「☆5つ」をつければいいし、「とんでもない」と感じたら「☆1つ」をつけたとしても誰からも文句を言われることはありません。
これは画期的な機能でした。現実の書店で書店員が「これは素晴らしい」「これは是非読んで欲しい」といった推薦文を掲げることはよくありますが、「こんな本は読むに値しない」「買って失敗した」といったマイナスの批評を掲げることは絶対にあり得ません。

自分たちが扱っているものについて「これはダメです」「読むに値しない」と言って売る店など存在しないわけですが、アマゾンはそれを堂々と行うことにしました。

当然、ネガティブなレビューをネットに掲載することに対して、反対の声が少なくありませんでした。ある時、ベゾスは出版社の役員から「君の仕事は本を売ることであって、本にけちをつけることではない」という怒りの手紙をもらったといいますが、この手紙を受け取ったベゾスはこう考えました。
「我々はまったく違う見方をしていました。その手紙を読んだ瞬間、『我々はものを売って儲けているんじゃない。**買い物についてお客が判断する時、その判断を助けることで儲けているんだ**』と思いました」

ベゾスはインターネットをフルに活用することで、現実の書店ではできないことを実現しようとしました。

書店で見ず知らずの人間同士が「この本は素晴らしい。なぜなら……」と本を薦め合ったり、あるいは「この本を買ったのは大失敗でした。こういうところがこの本はひどいですから」などと批評し合うことは考えられませんが、ベゾスはある程度の匿名性があるインターネットならそれができると考えていました。

カスタマーレビューには良いことも悪いことも自由に書くことができます。それは著者にとって、また出版社にとって決して好ましいことばかりではありませんが、「買う」側の人間にとっては間違いなく「判断の材料」となります。カスタマーレビューの提供を始めてすぐ、ベゾスはこう話しています。

「善意からだと思いますが、あなたは自分がどういう事業をしているのか分かっていないのではないかとのレターをもらうようになりました。ものが売れなければ儲からないのに、ネガティブなレビューをサイトに書けるようにするなど、何を考えているのだと言われたのです。でも、我々としては、**何を買うべきか顧客が判断しやすくすればするほど多くが売れるはず**だと考えています」

ものをたくさん売りたければ、一時的に「おいしい話」だけをすればいいのですが、それではあとで「失敗した」と感じる人も出て、結局は「だまされた」「信用できない」となってしまいます。そうならないためには良い意見も悪い意見も公開して、顧客は自分で読み、自分で判断すればいいのです。

ベゾスはカスタマーレビューによって「アマゾンに対する信頼」を得ようとしました。そしてそれは現実の書店とネット書店の両方を運営している場合、できないことだとも知っていました。

現実の書店で扱っている本のネガティブな批評を載せるのはためらわれますし、「☆1つ」の本をずらりと並べるなど考えただけでもぞっとします。

その点、アマゾンが考えるべきは「顧客」のことだけであり、「良い本も悪い本も、忌わしい本でも、すべての本を扱い、真実を開放する」ことで顧客の信頼を得ることができたのです。

利益は「ものを売る」ことで生まれるわけですが、顧客は同じ「ものを買う」のであれば、信頼に値するところで買いたいと考えるものなのです。

とにかく節約! 倹約!
ムダ遣いを「悪」とする

2011年にアマゾンがタブレット型端末「キンドルファイア」を発売した時、その価格が199ドルと格安であることについて記者が質問したところ、ベゾスはこう答えています。

「市場に対してちょっと変わったアプローチをしてみたのです。プレミアムプロダクトを非プレミアムな価格で提供するということです。うちは低いマージンで運営するのに慣れてる会社なんです。そうやって育ってきた会社ですから。高いマージンで商売するような贅沢をしてこなかったので、いまさらそれをしてみる理由もありません」

ベゾスは自らの理念や価値観に極めて忠実な経営者です。「すべてはお客さまのために」を錦の御旗のように掲げ、社員に対してもムダを徹底的に省き、贅沢をしないように言い続けています。

よく知られているのが、ベゾスが自分でつくり上げたオリジナルのデスクです。それはドアからつくられたデスクで、最初の2台をベゾスがつくったものの、脚の長さが揃っておらずガタつきがひどかったといういわくつきのものですが、それでもこうした手づくりにこだわったのは、ベゾスの次のような考え方からです。

「最も力を入れたのは、顧客のために資金を使うことです。**顧客のための努力をおろそかにしたら、経営はすぐに行き詰まります**。大げさに言っているわけではありません。それが原因で倒産した会社の実例が、過去にはいくつもあります。オフィス家具の外見は、顧客には何の価値もありません。顧客の利益になることにのみ投資すべきです」

こうした考え方に立つベゾスは、顧客のサービス向上のための投資は惜しまなかったものの、オフィス家具についてはガレージセールやオークションなど、少しでも安く買えるならどこからでも買い入れています。

必要のないもの、**最終的に顧客の利益にならないことには一切お金を使わない**、というのがベゾスの考え方でした。

ベゾスは「しみったれ」

それは社員の給与など待遇面についても同様でした。アマゾンの給与が極端に低いということではありません。日本のアマゾンでは30代後半から40代の部長職なら年収2000万円前後と言われていますから、決して低賃金とは言えません。

しかし、グーグルなどが「エンジニアの楽園」と呼ばれるほどの圧倒的な福利厚生を実現しているのに比べ、アマゾンの福利厚生を含む待遇面は同業他社には劣ると言えるかもしれません。

かつてカスタマー・サービスを担当していたバイスプレジデントの話です。彼がアマゾンに転職して早々、「出張の多い幹部社員には飛行機のビジネスクラスを使わせるべき」だとベゾスに提案しました。その際、机をたたきながらこう叱責されたといいます。

「そんな考え方、会社を持つ人間ならしない。これほどばかげたアイデアは聞いたことがないぞ」

こうした姿勢からベゾスのことを「しみったれ」と評する社員も少なくなかったといいますが、それはベゾスにとっては「悪評」というよりは「好ましい評判」だったようです。

ベゾスはアマゾンを創業した当初から、理想とする企業文化をいかにしてつくり上げ、維持していくかに細心の注意を払っています。

理由をこう述べています。

「企業文化は30％が起業家が心に描いた通りの姿、30％が初期の社員の質、残りの40％は偶然の作用の混合文化です」

ベゾスによると、一度根付いてしまった企業文化を変えるのはとても難しいことだといいます。だからこそ、ベゾスは創業当初から「顧客志向」を第一に、「行動する文化」などと並んで、**「倹約の精神」**を社内にとことん植えつけようと努めています。そのためならオフィスで使うデスクを手づくりすることもあれば、初期の段階では自ら倉庫に出向いて梱包を手伝うといったことも行っています。

「安かろう悪かろう」ではかえって損をしてしまうので、使い勝手や耐久性などから「お買い得」と感じられるものであれば、あえて高めの家具を買うこともありました。理由は「節約してムダ遣いはしないという企業文化をより確かなものにする」ためでした。

採用はされなかったものの、オフィス家具などを安く購入できた時は、それを買って来たスタッフの名前と、節約した金額を書いたステッカーを貼ろうと言い出したことがあるほど「倹約」「節約」には強いこだわりを持っていました。

価値観が少しでも変わると企業は大きく変化します。人の採用の仕方、昇進の仕方、お金の使い方などに変化が生じて、そこから屋台骨が揺らぐというのはよくあることです。ベゾスにとって「倹約の精神」を守り抜くことは、「すべてはお客さまのために」を守り抜くうえで欠くことのできないことだったのです。

Column 1

プライムの魔力

ベゾスが最も大切にしているものの一つが「すべてはお客さまのために」です。目先の収益を犠牲にしても、最高のサービスを提供することで顧客の信頼を勝ち取り、最高の成果を手にすることができるという考え方です。

数あるサービスの中で、最大のキラーコンテンツと言えるのが「アマゾン・プライム」です。年会費はアメリカでは99ドル、中国では388元、日本では3900円と国によって異なります。

受けられるサービスも国によって異なります。たとえば、日本やインドでは配送スピードを重視するのに対し、中国では日本やアメリカからの越境配送を無料で提供するなど、ここでも**国情や国民の気質などを考慮して何を重視するか、何をより進化させるか**を変えています。

プライム会員が受けられるサービスは多種多様です。日本を例にとれば、当日配送やお届け日時指定便、プライム・ナウといった配送スピードに関するものから、人気のプライム・ビデオ（映画、テレビ番組が見放題）やプライム・ミュージック（100万曲以上が聞き放題）、アマゾン定期おトク便（対象商品を定期的に送ってもらうと安くなるサービス）、アマゾン・パントリー（食品・日用品を中心とした低価格帯の商品がまとめて届く）、プライム・フォト（カメラや携帯で撮った写真を何枚でも保存できる）など、実にたくさんの特典が用意されています。

これだけの特典を用意されればたしかに「プライム会員にならない」という選択は「あり得ない」というのがアマゾンの考え方です。ベゾスがこのアイデアに気づいたのは2001年、コストコの創業者ジム・シネガルからコストコのモデルについて説明を受けたことがきっかけでした。

コストコの利幅は一律14％と低いのですが、それを補うのが会員になるための年会費だというのです。そのメリットをベゾスにこう説明しました。

「年に一度とはいえ会費の支払いは痛みを伴いますが、来店して47インチのテレビがほかより200ドル安く買えるのを見るたび、**ああ会員になって良かった**と思ってもらえるわけです。コストコならとても安く買えるのだと分かり、我々の基本方針が持つ価値が高まるわけです」

こうした話を聞いたベゾスは、自分の事業にも応用できると気づき、すぐに検討に入っています。結果、現在ではアメリカでの会員数は8500万人に達し、日本でも800万人と圧倒的な支持を得るまでになっています。そして年会費は前金で支払われるため、アマゾンのキャッシュフロー経営を支える柱の一つになっているとも言われています。しかし、年会費の安さから「こんなにサービスして本当に儲かるのか？」という疑問があることもたしかです。

かつてアマゾン・プライムグローバル統括責任者だったグレッグ・グリーリーがこう話しています。

「ロングタームで考える必要がある。プライム会員になると、本やCDしか買っていなかった人が、セールなどを通してほかの商品群も見るようになる。配送の速さや正確さ、ビデオなどのコンテンツ類の良さを実感すれば、アマゾンへの信頼感やつながりがいっそう深くなる。すると生鮮便のような斬新なプログラムを立ち上げる時にも安心して気軽に使ってみようと思ってもらえる。プライムの中にある各プログラムで利用者が増えれば、経営全体で見た場合の効率性は確実に上がる。個別の損得だけでは考えていない」

ベゾスの考え方はキンドルなどの価格設定もそうですが、一つひとつの商品やサービスの利益率は低く抑えても、それを使っていろいろな商品を買ったり、サービスを受けてもらうことでトータルとして利益が出ればいいというものです。

つまり、**「アマゾン・プライム」はアマゾンの便利さを実感してもらうための入口**であり、一旦会員になってもらえれば、ほとんどの顧客は「アマゾンのない生活は考えられない」ようになり、それまで以上にアマゾンを信頼し、あれもこれもアマゾンから購入してくれるようになるというのがベゾスの考え方です。

実際、行動経済学的な見方によると、アマゾンに限らず会員制のジムや雑誌の定期購読といった会員に一旦なってしまうと、ほとんどの人はそれをどれだけ利用するかに関係なく「やめる」という選択をなかなかしなくなるものです。人は「入る」よりも「出る」方を面倒に感じます。

ましてやアマゾンの場合、そこで扱っているもののほとんどが生活に深く関わってくるだけに、ますます「やめる」という行動がとりにくくなるどころか、「どこで暮らしてもアマゾンがあればたいていのものは手に入る」と考えるようになるのです。

アマゾン・プライムはベゾスの掲げる「すべてはお客さまのために」を実現するための最強のコンテンツと言えます。

第二章

利益よりも、まず成長ありき

「目先の利益」だけを目指すのは愚か

2018年8月2日、アップルの時価総額がアメリカの企業として初めて1兆ドルを突破したのに続き、同年9月4日にはアマゾンも時価総額1兆ドルを突破して大きな話題になりました。

1兆ドルと言えば、日本の国家予算並みの規模であり、それを時価総額とはいえ一企業が超えるというのはすごいことでした。

それでもアップルの場合は2000年代に入ってから長く時価総額1位の座に就いていただけに、「いずれは」と見られていましたが、一方のアマゾンの場合はこの半年、1年の株価の急上昇によるものであり、そのスピード達成には驚くばかりです。

結果、ベゾスは長者番付においても長く1位に君臨していたビル・ゲイツに倍近い差をつけて圧倒的な1位となりました。

そこから分かるのは、アマゾンという企業が証券市場においていかに高く評価されているかということです。

なかにはそれを「過大評価」と見る人がいるのも事実です。アマゾンは現在、アメリカ国内でウォルマートに次ぐ2番目に規模の大きな小売業です。

アマゾンの2017年決算によると、売上高は1778億ドルですから、ウォルマートの5000億ドルに対して約三分の一になりますが、反対に時価総額に関してはアマゾンの時価総額はウォルマートの2・6倍（2018年11月23日現在）となります。

ウォルマートはネット通販に本格参入し、アマゾンは食品スーパーや書店など実店舗に進出、両社の戦いは、今後、生鮮食料品のネット販売を中心に進むのではと言われていますが、少なくとも今の段階ではウォルマートは変わらず

「流通業界の巨人」であり続けています。

世界一「期待値」が高い企業

ここにアマゾンの不思議があります。

売上高においても、収益率においても、アマゾンはウォルマートのはるか後《こう》塵《じん》を拝しているにもかかわらず、株式市場の評価においては、ウォルマートはもちろんのこと、世界中のほとんどの企業をはるかに上回る評価を得ているのです。

アマゾンがその売上高や収益率によって評価されているわけではないことはよく知られています。もしこうした指標で評価されたなら、アマゾンの株価は現在とは比較にならないほど低い安値になっているはずです。

ベゾスはこれまでネット通販において数々の発明を行い、素晴らしい成果を上げてきました。その一つに、ウォール街の「企業を評価する尺度」を変えさせたことを挙げることができます。

評価すべきは直近の数字や来期の予想数字（ベゾスは一切の予想数字を口にしません）などではなく、その企業がどれほどの速さで成長を遂げているか、**将来的にどれほどの売上げや利益を達成するかという期待値**によって評価するという新しい尺度を、ウォール街の人々に納得させたのです。ここにベゾスのすごさがあります。

アマゾンがサービスを開始したのは１９９５年７月のことですが、そのわずか２年後の１９９７年５月には株式公開を果たしています。当時のアマゾンの評価額は４億２９００万ドルですが、その時点でも、アマゾンは利益を出していないどころか、ベゾスはＩＰＯの目論見書で堂々と「今後も利益は出ない」と謳《うた》っています。こう書いています。

「損失が発生する速度は現状よりも大幅に高まるものと思われますし、売上げの増加率は現状のまま維持することは不可能で、今後低下していくでしょう」

同年１月には「ニューヨークタイムズ」のインタビューに答えてこう明言し

ています。

「利益は出ていません。出そうと思えば出せますけどね。利益を出すのは簡単です。同時に、愚かなことでもあります。我々は今、利益になったはずのものを事業の未来に再投資しているのです。アマゾン・ドット・コムで今利益を出すというのは、文字通り最悪の経営判断だと言えます」

別の講演会では、さらにはっきりと利益よりも大切にしているものを明言しています。

「私たちが今焦点を当てているのは、あらゆる打ち勝ちがたい好機への投資です。私たちの書籍販売は12月という時期的に変わった月に利益を上げました。もしもっとうまく自分を整理して立ち回っていたら、12月に利益を上げることはなかったでしょう。

分別のある株主の方々は、この重要なカテゴリー形成期にもっと積極的に投資するために、資本をもっと良い部分に割り当てるべきだったと考え、それができなかった経営陣を罰するでしょう」

まるで利益を「出してしまった」ことが「悪」であるかのようにベゾスは語っています。と同時にこれは利益など無視して、「速く大きくなる」ことへの明確な意思表明でした。本章では「利益よりも急速な成長」を重視するベゾスの考え方について見ていくことにします。

死に物狂いで「市場シェア」を制覇せよ

ベゾスはアマゾンの経営に際して、利益よりも成長、短期よりも長期的視野でものごとに取り組むことを重視していますが、もちろん最初からこうした姿勢を前面に打ち出すことができたわけではありません。

当初は目先の資金にさえ窮することもありましたが、ある時期から利益を無視してでも「急速に大きくなる」ことを目指し始めています。その経緯を見ていくことにします。

1995年7月にサービスを開始したアマゾンは、開始からわずか1ヶ月でアメリカすべての州だけでなく世界45の国に本を発送するほどの広がりを見せています。また、ヤフーやネットスケープがアマゾンを紹介したことも人気の拡大につながりました。

10月には初めて1日の注文が100件を記録し、それから1年も経たないうちに1時間に100件の注文を受けるようになっています。

利用者は増加し、事業も順調でした。しかし、大きな問題がありました。インターネットビジネスは、サイトにアクセスする人が増えれば増えるほど、処理スピードを落とさず対応するために多額の投資を必要とします。

しかもベゾスは、利用者が増えることでもたらされるはずの利益の増加よりも顧客サービスの充実を優先しました。そのため、利用者・売上げの増加がそのまま利益にはつながらないどころか、かえって費用の増大を招くことになったのです。

結果、準備期間の94年末にアマゾンは5万ドルを超える損失を出し、翌95年の損失は30万ドルに達することになりました。アマゾンの人気がどれほど高くても、お金がなければ事業を続けることはできません。

ベゾスは自分のお金や両親、友人たちからのお金を事業に回しましたが、アマゾンをアマゾン川のように巨大にするにはとても足りませんでした。

調達した資金は、サーバーやソフトウェアをアップグレードするためと、人材の採用に投入されましたが、事業の拡大スピードから見て再び資金が不足するのは目に見えていました。

「ゲット、ビッグ、ファスト」の思考法

96年初頭、ベゾスの元にベンチャーキャピタルのゼネラル・アトランティック・パートナーズから投資の申し出がありました。

同社はアマゾンにコンタクトをとった最初のベンチャーキャピタルです。投資金額は推定時価総額1000万ドルに対して100万ドルと、売上高

1570万ドル、赤字額580万ドルの企業としてはかなりの高評価でした。それだけのお金が入れば、アマゾンを一気に大きくしていくことができます。

これがベゾスの心に火を点けました。もしアマゾンにベンチャーキャピタルが興味を持つのなら、まとまった資金を手にしてアマゾンを急成長させることができる、と。

利益を後回しにしてでも、徹底した顧客サービスを行うことで事業を拡大すれば、**他社がインターネットで本を売るというビジネスに本格参入する前に市場を支配する**ことができます。

そうすれば、利益はあとから自ずとついてきます。これがベゾスが社員旅行でTシャツにプリントした「ゲット、ビッグ、ファスト（速く、大きくなること）」の考え方です。

通常、企業というのは小さく始めて徐々に大きくなっていくことを模索します。しかし、インターネットビジネスの場合、**「現在の市場シェアが将来の利**

益に直結する」と考えられており、早い時点から追うべきは市場シェアであり、そのためには利益など無視していいというのが特徴的な考え方になっています。

アマゾンの成長可能性を確信したベゾスは、投資を得てできるだけ速く事業を拡大させようと考えました。

但し、お金を出してくれるならどこでもいいというわけではありません。狙いをつけたのはインターネットビジネスをよく知り、多くの有名IT企業とつながりのあるベンチャーキャピタル「クライナー・パーキンス」のジョン・ドーアです。理由をベゾスはこう話しています。

「クライナーとジョンはインターネットという広大な世界の中心地です。彼らとの提携は、いわば一等地に店を構えるのと同じことなのです」

アメリカならニューヨークの5番街、日本なら銀座の4丁目、5丁目に店を構えることは、それだけで一流の証になります。

創業間もないアマゾンにとって超一流のベンチャーキャピタルの投資を受け

ることはインターネットビジネスの「成功者」というお墨付きをもらうのと同じ価値があったのです。

数々のスタートアップ企業を見てきたジョン・ドーアはベゾスの最初の印象をこう話しています。

「ドアを開けると、高笑いの男がエネルギーを全身から発散させつつ階段を駆け下りてきました。その瞬間、ジェフと仕事がしたいなと思ったのです」

ベゾスには非常に高い目的意識と、燃え上がる信念がありました。1996年、アマゾンはクライナーから800万ドル（評価額6000万ドルの13％強）の投資を受けることに成功、ジョン・ドーアを取締役に迎えることで「成功者」へと大きく近づくことになりました。

これによりアマゾンは成長のためにお金の心配なしに何でもできるようになり、ベゾスの目標ははっきりと成長、それも**凄まじい速さでの成長**となったのです。

「大きなこと」が「非効率」に行われている市場を狙え

ベゾスは創業に際して「アマゾン」という社名を選んだことから分かるように、早くから「大きくなる」ことを目指していました。

そして大きくなるためには何が必要かをしっかりと考えたうえで、本のネット販売に乗り出しています。

きっかけは、ベゾスが大手ヘッジファンド、D・E・ショーに勤めていた時代、インターネットが1年に2300%という驚異的な割合で成長していることに気づいたことでした。こう考えました。

「立ち止まって考えてみた。もしかしたらeコマースで、最初の成功を勝ち取ることができるかもしれない」

ほとんどの人にとって「最初の成功」を狙うことほど怖いことはありません。誰かが成功しているのを見て、「自分にもできるかな」と思う人はたくさんいますが、「最初の成功」に懸けられるということはそれだけでもベゾスのすごさを証明しています。

もちろん確信はありました。インターネットが驚異的なスピードで成長すれば、そこにはたくさんの人が集まり、もしその人たちを相手にビジネスを上手に展開すれば成功できるはずだ、と。ゴールドラッシュならぬ、「インターネットラッシュ」がそこにありました。

問題はそこで「何を売るか」でした。ベゾスはコンピュータソフトや音楽、洋服、オフィス用品など20の候補をリストアップ、その一つひとつについて検討を進めています。

その結果、上位に来たのが音楽と本でしたが、音楽は大手のレコード会社数社が業界を支配しており、参入は簡単ではありませんでした。

ソフトバンクの創業者・孫正義氏も新しく事業を始めるにあたり、**同様に40の候補を挙げていろいろな角度から検討**した結果、パソコンソフトの卸ビジネスを選んでいます。

理由は「5年で100億円、10年で500億円、いずれは何兆円規模の会社にしてみせる」うえでパソコンソフトの卸ビジネスが最も可能性が高かったからでした。

なぜ「ネット書店」に成功の確信を得たのか

何かを大きく成功させるためにはこれほどの検討や準備が必要になります。成功にはスピードだけでなく、しっかりとした準備を欠くことはできません。ベゾスが最終的に選んだのはインターネットでの本の販売でした。理由はこうです。

「本を知らない人はいない」とベゾスが言うように、インターネットで扱う本は、実際に街の書店で売っているものと同じであり、それほど詳しく説明しなくとも誰もが安心して買うことができます。しかも本は1994年だけでも5億冊も販売されており、出版点数の多さや販売額という点でもソフトウェアや音楽CDをはるかに上回っていました。

そのうえこれだけ膨大な本には、それぞれISBN番号が振ってありました。全米小売書店協会の1994年の年次総会に参加したベゾスは、そこで本があらゆる製品の中でも最大級のデータベースを持っていることを知り、興奮を隠せなかったといいます。

つまり、目の前には既に膨大な本のリストが存在しており、それを使えばインターネットで販売するうえで重要な検索用のデータベースを簡単につくることが可能だったのです。

本の仕入れも比較的簡単でした。イングラム・ブック・グループとベーカー&テイラーという大手の取次業者が全米にいくつもの倉庫を構え、これら取次業者を通して簡単に本を入手することができたのです。

さらに好都合だったのが、大手書店はあるものの、圧倒的な強者が存在しないことでした。どの書店も、発行されている本のすべてを揃えることは不可能、しかし、インターネットを使えばこうした大型書店をもはるかに上回る品ぞろえが可能になります。ここに、インターネットで本を販売する大きなメリットがありました。ベゾスはこう考えました。

「圧倒的な価値を持つものが生み出せなければ、消費者にとってはこれまで通りの方法の方がやはり便利なのだ」

インターネットを使えば、既存の大型書店にもできないほどの「あらゆる種類の在庫を揃えた真の意味のスーパーストア」をつくることができるし、それができれば消費者は歓迎するというのがベゾスの読みでした。

しかも、本のビジネスはベゾスから見れば合理的なビジネスとは言えませんでした。

それぞれの書店に置ける点数には限りがあり、出荷された本の多くが返品されています。1994年には出荷された本の35％が返品されていました。これでは出版社も書店も十分な利益を上げることは難しく、ベゾスはそこにチャンスがあると考えました。

「大きなことが非効率に行われている時、そこにはチャンスがあるのです」

本を売るというビジネスは市場規模も大きく、大きな可能性を持っていましたが、そこで展開されているやり方は昔ながらの非効率なものであり、もしそこに世界一の品ぞろえを持ち、簡単に安く買うことのできる書店が登場すれば絶対に消費者に歓迎されるはずだ、というのがベゾスの見方でした。

大きなことが非効率に行われていること、それはやり方次第でいくらでも大きくなれるという証でもあったのです。

完璧な準備を、急いで行え

1995年、本のネット通販からスタートしたアマゾンは、今や日用品や家電、ファッションなど次々と品目を拡大、現在では扱う商品は2億種類以上と言われています。

さらに最近では実書店の「アマゾン・ブックス」や、無人コンビニの「アマゾン・ゴー」も展開するなど、その拡大ぶりは留まるところを知りません。

しかも買い物はワンクリックでほぼ完了してしまうし、重くて運ぶのが面倒なものも自宅まで届けてくれます。ここまで便利なら、世界中で利用者が急増するのは当たり前のことと言えます。

一方ここまで巨大であらゆる商品を販売するようになると、当然既存業界からの反発も強くなりますし、店頭で商品の価格や使い勝手をチェックして、商品をアマゾンで買うというふうに、店舗が「アマゾンのショールーム化」してしまうことに危機感を覚える業界も増えてきます。

このままだとアマゾンがいろいろな業界を食い尽くしてしまうのではないか、そんな恐怖を覚えている関係者も少なくありません。

数年前、ある大手出版社のトップは冗談交じりで「アマゾン、アップル、グーグルに日本の産業界が支配されちゃったら嫌でしょう」と話していましたが、なまじ冗談とばかりは言えなくなっています。

アマゾンがCDやDVDといった本以外の商品の取り扱いを開始したのは1998年のことですが、ベゾス自身は早くから「本以外」への進出を考えていました。1995年、カヤックにはまっていた社員のニコラス・ラフジョイにベゾスはこんな話をしています。

「将来、アマゾン・ドット・コムにアクセスして、『カヤック』をキーワードに検索すると、出てくるのは本の情報だけじゃないよ。関連記事を読んだり、専門誌の定期購読申し込みもできるようになっているはずだよ。世界中のどこにでもカヤック旅行の手配ができて、カヤックの宅配もできるはずだ。愛好家とのカヤック談義もできるようにしたいね。カヤックをキーワードにしたら、カヤックに関することは何でもできるようになっている。ほかのキーワードでも同じように何でも提供できるようになっているよ」

「スピード」の信奉者にして、完璧主義者

ベゾスにとって本は「出発点」に過ぎませんでしたが、ではなぜ最初からたくさんの商品を扱うデパートを目指さなかったのでしょうか。ベゾスは急いで大きくなりたいと望んではいましたが、急いで総合デパートになりたいとは考えていませんでした。

1998年に「拡大」についてこんな考えを口にしています。

「取り扱い製品やカバー地域の拡大は、遅い方が早いよりいいのです。なぜ、遅い方が早いよりいいのでしょうか。まずは**書籍事業に集中し、軌道に乗るところまで育てなければならなかったから**です。拡大のチャンスなら、いつでもたくさんあります。だからアマゾンは、遅めのタイミングを心がけているのです」

ベゾスはスピードを何より重んじる経営者です。しかし、一方で完璧主義者でもあります。アマゾンのサービス開始までに十分な時間をかけたように、完璧な準備が整わない限りはスタートを切ろうとはしません。

インターネット上にはたくさんのチャンスがありますが、かといって十分な準備が整わないうちに出てしまうと、顧客の信頼を裏切る恐れがあります。そうならないためには**「完璧な準備を急いで行う」**ことが必要でした。

商品の多角化についても同様でした。ベゾスは早くから「我が社の戦略は電子商取引の最終目的地になることです」をビジョンとして掲げていますが、そのためには本を売ることを通して顧客に支持されるシステムを完璧につくり、アマゾンというブランドを確立することが必要でした。

やがてCDやDVDへも進出、「オンラインで買いたいものすべてが見つかる場所」を本格的に目指し始めています。

「長期的なビジョンとしてあるのは、ユーザーが買いたいと思う商品は何でも見つけ出せるようにすること」がアマゾンの将来計画となりました。同時に巨大な配送センターづくりも開始、ベゾスはこう言い切っています。

「もちろん、あらゆるものをお売りします」

こうした巨大な倉庫や、世界を網羅する物流網づくりのためにベゾスはウォルマートの元物流担当バイスプレジデントのジミー・ライトをスカウトしていますが、その際、ベゾスはライトから「どういう商品を取り扱うのでしょうか」

と聞かれて、こう答えています。

「わかりません。どんなものでも取り扱えるようにしてください」

欲しいのは巨大な物流システムであり、それこそ空母以外は何でも扱える物流網が欲しいというのが当時のベゾスの希望でした。

そして今、アマゾンは「流通モンスター」と呼ばれるほどの存在になっていますが、早くからそれを予言していたのがインターネット業界アナリストのメアリー・ミーカーです。1999年12月、「ウォール・ストリート・ジャーナル」でアマゾンの将来についてこう分析しています。

「10年後には、書籍はアマゾン・ドット・コムの拡大のためのトロイの木馬だったと分かる日が来るだろう」

それから約20年、アマゾンの拡大は今も留まるところを知りません。

計画は立てろ。でも「計画の奴隷」になるな

アマゾンがサービスを開始したのが1995年7月ですから、それからわずか23年で、同社は一時的にとはいえ時価総額1兆ドルを突破する企業へと成長しています。

まさに「速く大きくなる」を実現したわけですが、ベゾスが当初からここまでの速さと大きさを予測していたかというと、決してそうではありません。

ベゾスは元々が几帳面な性格であり、**気づいたことや考えたことをしっかりとメモに残す**ことを好み、そして緻密な長期計画を立てることも得意にしていました。

緻密さは起業にあたっても存分に発揮されています。インターネットで何を売るかについて20もの候補をリストアップ、一つひとつメリットやデメリットを検討して本に決めたように、創業の地も4つの候補地を入念に検討した結果、ワシントン州シアトルを選んでいます。

理由はマイクロソフトなどが本社を置いているだけでなく、数百のソフトウェア会社があり、一流のプログラマーがたくさんいたからです。新しいサービスのために新しいシステムを組むにはこうした人材が不可欠でした。しかも全米有数のコンピュータサイエンス学部を持つワシントン大学もあり、優秀な人材の採用をするためにも最適の環境でした。

さらには近くに全米最大の本の卸売会社の書籍配送センターがあることなどが理由でした。ノードストロームやスターバックス、コストコといった優れた企業の本社も置かれており、アマゾン創業後、ベゾスはスターバックスやコストコからたくさんの事業のヒントも得ています。そして「シアトルは世界の中心だ」と言う頼りになる友人ニック・ハノーアーもいました。

94年7月、ベゾスと妻のマッケンジーはテキサスまで飛行機に乗り、そこから車でシアトルへと向かっています。その車中でベゾスは30ページにも及ぶ新しい会社の事業計画を書き上げています。こう話しています。

「現実は決して計画通りにはいかない。しかし、**計画を立て、それを書き表すというトレーニングによって、そこにあるさまざまな問題点をよく考えることができる**し、それによって考え方や気持ちが整理され、気分もよくなってくるんだ。それが第一歩だよ」

実際、1年後にベゾスがあらためてつくり上げた事業計画もアマゾンの急成長によってすぐに陳腐化してしまうほど、計画と現実には大きなズレが生じています。当時を振り返ってこんな言葉を口にしています。

「現実に遭遇してみて、役に立った計画など何一つとしてなかった」

それはある意味では仕方のないことでした。

今でこそインターネットでものを買うのはごく当たり前になっていますが、ベゾスがアマゾンを創業した1990年代半ばには「消費者がオンラインで買うことに慣れるまでにはひどく長く時間がかかるだろう」というのがベゾスをはじめとするほとんどの人の見方でした。

インターネットの将来性は多くの人が認めていましたが、現実にはインターネットを使って大金を稼いだ人はいないというのが当時の実情でした。「長く時間がかかる」、つまり売上げや利益が伸びないことを前提に計画を立てるのは当然のことだったのです。

計画を超える速さで成長せよ

ところが、こうした見方は見事に裏切られることとなりました。こう振り返っています。

「私たちの事業計画では、実際に起きていることに対応できなくなってきました。当時のネット利用者は新しもの好きばかりだということを、計画を立てる段階で見落としていました」

ネットの利用者自体はたしかにそれほど多くはなかったものの、彼らは新しいサービス、新しいものにとても敏感な人たちでした。

アマゾンを立ち上げてすぐに、ベゾスは事前の予想を上回る注文に驚き、対応を急がされることになりました。

ベゾスは、こうした経験を通じて、変化スピードが速く、やるべきことが次々と出てくる時代には「過去に立てた計画に奴隷のように従うなんて実に馬鹿げたことですよ」と言い切るようになります。それでも「計画を立てる」ことの意義は否定しないのがベゾスの面白いところです。

インターネットビジネスのように凄まじいスピードで変化していく世界では計画はあっという間に狂いが生じるし、ベゾスが言うように奴隷のように計画に従おうとすると現実の方が確実に破綻してしまいます。

計画に縛られるのは愚かなことですが、かといって計画も立てずに突き進むのはもっと愚かなことです。ベゾスは**緻密な計画を立てることで問題点を整理**

し、成功への確証を得て、そのうえで計画に縛られることなく変化に柔軟に対応することの大切さをとてもよく知っていました。

「計画なんかどうでもいい。むしろ運に恵まれるようにしよう」はグーグル元CEOエリック・シュミットの言葉ですが、たしかに大きな成功のためには計画に忠実であるよりも、訪れた絶好のチャンスをしっかりとつかまえてみせるという心構えや行動力が欠かせません。

アマゾンの成功はベゾスの計画する力と、計画に捉われることなく、ひたすらに「速く大きくなる」を追い続けることでもたらされたのです。

Column 2

巨大ビジネスAWS

ベゾスは利益よりも急速な成長を重視する経営者です。利益を無視してでも、市場のリーダーにいち早くなることで将来の利益が約束されるという考え方ですが、それを見事に実現してみせたのがAWS（アマゾン・ウェブ・サービス）です。すでにアマゾンの利益のかなりの部分を稼ぎだしていますし、クラウド市場においても3割台のシェアを持つ優等生です。

AWSが行っているのは、クラウドサービスを提供する事業です。クラウドサービスというのは、企業にサーバー（情報処理を行う機器）を提供するサービスのことを言います。

大企業の多くは自社の大型コンピュータを動かすために、それぞれ独自のサーバーを持っています。そのために多額の投資も行っているわけですが、それに対してAWSは巨大なサーバーを用意して、その中のシステムをオンラインであらゆる企業に提供します。このAWSのクラウドサーバーを利用すれば、企業はわざわざ高いお金をかけて自社内にサーバーを置く必要がなくなります。

つまり、AWSのクラウドサーバーを使えば、それぞれの企業が長い年月と高いお金をかけて独自にシステムを開発して運用しなくても、はるかに安いコストで高性能なシステムを使うことができるようになるのです。

たとえば、企業はサーバーを自前で保有しないため、初期投資が不要で、電気代などの維持費も必要ありません。必要なのはAWSの利用料だけなのです。

さらに自前ですべての設備を保有している場合、購入したサーバーの減価償却が終わるまでは機器を使い続ける必要があります。

また、経年劣化による保守コストがかさむうえに、新たな技術が出てきたとしても、使いたくても使うことができないというデメリットがありました。

ＡＷＳは新たなサービスや機能を次々と投入するため、常に最先端の技術を使うことができるのです。しかも事業が成長すれば、それに伴って容量も柔軟に変更できます。つまり、企業はＡＷＳを使えば、多額の初期投資も不要なうえに、常に最先端の技術を生かしたサービスを、利用料だけで使うことができるのです。

もちろん気に入らなければやめるのも自由ですが、ＡＷＳは**最新のサービスを次々と投入する一方、業界の慣習を無視して価格の値下げも徹底して行う**ため、企業にとっての負担が少なくてすむというメリットを持っています。

これでは世界中の企業がＡＷＳを利用したがるのは当然のことと言えます。サービス開始以降、既に60回以上も値下げをしており、サーバーも大量に調達することでコストを下げています。新技術も次々と投入しており、**新たな顧客を呼び込めば呼び込むほど価格を下げることが可能になるという好循環**になっています。

当初、ベゾスは採算ぎりぎりどころか、採算を度外視したほどの低価格で事業をスタート、そこから急激に大きくすることで他社を圧倒、さらなる価格引き下げによってさらに大きくなるという、まさにアマゾンと同様の戦略によってＡＷＳを巨大事業へと育てるのに成功しています。

これでは同業他社はたまったものではありません。現在ではヒューレット・パッカードやＩＢＭはもちろんのこと、マイクロソフトの「アジュール」や、グーグルの「クラウド・プラットフォーム」にさえ大差をつけています。

現在の市場シェアを比較すれば、マイクロソフトとグーグル、ＩＢＭのクラウドサービスのシェアをすべて足したとしてもＡＷＳにはかなわないというほど、その力は突出しています。

これほどの高いシェアがあれば、当然、顧客の側もクラウドサービスを検討する時には最初にＡＷＳを検討することになります。

現在、ＡＷＳの顧客に名を連ねているのはＧＥやマクドナルド、ネットフリックスのほか、ＣＩＡやＮＡＳＡといった錚々たる顔ぶればかりです。

なかでも、CIAがIBMからAWSにクラウド契約を変更することになった入札競争において、米連邦裁判所のコメントは衝撃的なものでした。「AWSのオファーの方が技術的にすぐれており、競合の結果は、接戦とは言い難いほどかけ離れていた」

これだけでも、AWSが技術や費用などあらゆる面でIBMをはるかに上回っていることがよく分かります。

もちろん日本でも日立製作所やキヤノン、三菱UFJ銀行などが利用していますが、三菱UFJ銀行によると「今はAWSがベストの選択」と言い切るほど技術や費用だけでなく、信頼性やセキュリティに関してもAWSは突出した存在となっています。

さらに脅威なのは現在、世界のデータでクラウドに移されているのはわずか5%であり、そこには95%もの市場が残されているというのです。

その市場をめぐってマイクロソフトやグーグルも懸命な投資を続けているわけですが、もしそこでもAWSが強さを発揮するならアマゾンはまさに無敵の存在となるはずです。
利益度外視の急速な成長にはこれほどの破壊力があるのです。

第三章

より速く、より長く

現代は「10分」が「長期」を意味する

アマゾンの創業期におけるベゾスの考え方は「ゲット、ビッグ、ファスト」という言葉に集約されています。

インターネットビジネスの特徴は、「量で勝る者が最終的に勝利を手にする」です。そしてそのためには、成長段階でコストがどれほどかかろうと、収益がどうなろうと、他社が参入してくる前にできるだけ早く、大きな市場を確保しておくことが大切になります。

こうした市場で生き抜くためには何よりもスピード感が重要になります。たとえば、マイクロソフトのビル・ゲイツの得意技の一つは飛行機の離陸時間のぎりぎりに空港に到着することでした。

しばしば飛行機のドアを閉めようかという間一髪のタイミングで飛び乗ることさえあったほどですが、なぜそんなことをするのかと聞かれたビル・ゲイツは平然とこう答えています。

「切羽詰まった時にこそ最高の能力を発揮できる。僕は時間の浪費は好まない。便が出る1時間も前に行っているような男じゃない、とでも言っておくかな」

そして社員に対しても常に速さを求めていました。素晴らしい仕事をしたプログラマーに対し、ビル・ゲイツが口にしたのは褒め言葉ではなく、「なんで2日前にしなかったんだ」でした。

ビル・ゲイツにとってスピードは競争に勝つために不可欠な要素ですし、どんな理由があれ時間を浪費するなど絶対に認められないことでした。

ベゾスのスピードへの執着もかなりのものです。株式公開のためには米証券取引委員会の定めで7週間の沈黙期間が設けられており、その間、ベゾスは取材を受けることができませんでした。「7週間」と聞いて、ベゾスはあきれたようにこう言いました。

「7年も事業を遅らせなければならないなんて、とても信じられない事態です」

インターネットの世界は凄まじいスピードで変化しています。**ベゾスにとって「7週間」は事実上「7年間」に思えるほどの期間**だったのです。

時間に関する発言はほかにもあります。

ある時、アマゾンの経理部門がさまざまな数字を整理して、将来に対する予測を立てようと奮闘していましたが、どんなに数字をいじってみても「巨大な損失」という結果しか出てきませんでした。コストを無視した相次ぐ物流センターの新設が経営を圧迫していたのです。

アマゾンは上場企業です。上場企業として短期、長期の数字予測は絶対に不可欠なのですが、ベゾスはこう言って利益予想などムダだと切り捨てました。

「このような環境で20分より先の未来を考えるなど時間のムダだ」

次々と新しい挑戦を続けているアマゾンにとって、今の数字をベースに未来を予測したところで何の意味もありません。そんなことに時間を浪費するぐらいなら、未来を切り開くために時間を費やす方がはるかにいいのです。やがて「20分」はさらに短くなりました。こう言っています。

「今は**10分が長期を意味する時代**となりました」

これほどの時間感覚で生きている創業者と仕事をするのは大変です。

2004年、キンドルの開発のために呼ばれたスティーブ・ケッセルに対し、ベゾスは新しいポジションでの仕事についてこう説明しました。

「君の仕事は、今までしてきた事業をぶちのめすことだ。物理的な本を売る人間、全員から職を奪うくらいのつもりで取り組んで欲しい」

ケッセルが「いつまでに電子書籍リーダーを開発すればいいのか」と質問したところ、ベゾスは即座にこう答えました。

「すでに遅すぎると言えるね」

ケッセルはアマゾンの書籍部門で素晴らしい成果を上げていましたが、ハードウェアをつくった経験はまったくありません。社内にそんな人材もいなければ、開発体制が整っているわけでもありませんでした。そんな状態からスタートすれば製品を世に出すために何年もかかるのは当然のことですが、にもかかわらず、ベゾスの答えは「すでに遅すぎる」でした。

もしアマゾンがすぐれた電子書籍リーダーをつくることができなければ、アップルやグーグルが先につくるに決まっています。そうなればアマゾンの存在基盤である「紙の本」は、「音楽」がアップルに食いつぶされたようにアップルやグーグルにぼろぼろにされてしまいます。そんな危機感を抱くベゾスから見れば「いつまでに」などと悠長なことを言っている暇はなかったのです。

7週間は7年と同じほどに長く、10分さえ変化には十分な時間と言えます。スピードに対する凄まじい執着は変化の速い世界を勝ち抜くために最も必要な資質の一つなのです。ベゾスの「速さ」と「悠長さ」が同居する時間感覚について見ていくことにします。

「驚異的な成長市場」を見逃さない

ベゾスの「速さ」への執着と危機感がいかんなく発揮されたのが、アマゾンの創業に至る決断でした。

ベゾスは学生時代から「いつも自分の会社を興すことを夢見て」いましたが、卒業時にはどういう会社を興せばいいか分かっていなかったこともあり、「ビジネスや世界の仕組みを勉強する」ためにも一旦、企業への就職を選択しています。

「後回しにした」ことが、ベゾスにとって幸運をもたらすことになったのですから、人生は不思議なものです。起業を考えていたベゾスに転機が訪れたのは

1994年、D・E・ショー時代のことです。

ベゾスは小学校で初めてコンピュータに触れて以来、コンピュータのことを「20世紀に人類が生み出した素晴らしいツール」として高く評価していました。当初は大学の専攻も物理学を考えていましたが、「プリンストン大学で学んだ成果の一つが、自分は物理学者になれるほど賢くないとわかった」ことでコンピュータサイエンスと電気工学を選択、コンピュータ関連のクラスは全部とったというほどコンピュータにのめり込んでいます。

大学を卒業したベゾスが、コンピュータを扱う能力を買われてファイテルに就職したのは1987年ですが、90年代に入るとコンピュータの魅力を何倍にもするインターネットの普及が進み始めることになりました。

もちろん今と違ってコンピュータやインターネットを使いこなすことができる人は限られていましたし、ビジネスに活用して大儲けをした人はいませんでしたが、インターネットの将来性自体は高く評価されていました。

「ある仕事をなすには、それにふさわしい時代に生まれ合わせることが必要だ」はパナソニックの創業者・松下幸之助氏の言葉ですが、ベゾスもまさに「それにふさわしい時代」にちょうどいいタイミングで登場することとなりました。

1994年春、ボスのデビッド・ショーからインターネット事業が持つ可能性について調査するように命じられたベゾスは、驚くべき事実に気づいています。ウェブの使用状況が実に年率2300%という驚くべき数字で成長しているというデータを目にしたのです。

「変化」を見つけ、すかさず行動する

作家のジョン・クォーターマンが発行しているニュースレターには1993年1月〜94年1月の1年間でウェブ上でやり取りされるバイト数は2057倍に増え、パケット数は2560倍に増えているという分析が書かれていました。ベゾスはここから2300%という数字をはじき出しています。

2300%というのはスタート時に100人のサークルがあったとして、3年間同じペースで成長すれば100万人を優に超える規模になることを意味していました。ベゾスはこの数字を見てこう考えました。

「こんなことは滅多にあることじゃありません。でも、ペトリ皿の中でなければ、これほど成長するものはないんです。つまり、偶然に起きたわけじゃないんですよ。**年に2300%成長するものは、今日はまだ目につかなくても、明日になれば巷にあふれる**ようになります」

まさに急速な成長を約束するものでした。しかし、それはデータとしてははっきりしていましたが、気づく人はほとんどいませんでした。その理由をベゾスはこう話しています。

「**人間は指数関数的な成長を正しく理解するのが苦手**なものだということを、覚えておく必要があります」

同じ現象、同じデータを見たとしてもみんなが同じ感想を抱くわけではありません。コンピュータやインターネットへの関心が薄ければ見過ごしてしまいますし、「その先」への関心がなければ「へーっ、すごいな」で終わってしまうだけです。ベゾスは違いました。

ベゾスはコンピュータに精通し、ビジネスへの深い関心を抱いていました。そんなベゾスにとってこの驚くべき数字は神の啓示とでも言えるものでした。こう話しています。

「あれはモーニングコールだった。そこで改めて考えてみた。これ以上のビジネスチャンスはあるのだろうかってね」

1994年頃までは、インターネットは国防省が主導し、大学や政府機関によって整備が進められていましたが、同年に政府が手を引いたことによって民間の参入ができるようになったことで、爆発的な発展期を迎えることになりました。

ベゾスはまさにその最初の発展期に驚くべき数字を目にしたのです。そして一歩進めてこう考え始めました。

「これほどの成長にマッチするのはどのような事業計画だろうか」

驚異的な成長は、ほとんどの場合、チャンスにつながります。

ベゾスはインターネットの持つ可能性を認め、それをどのようにビジネスに結びつけるかを考えるようになりました。

たとえ「大きな変化」に気づいたとしても、それを生かすべく行動を起こす人はほとんどいません。

ベゾスは「すさまじい成長」という変化に気づくや否や、次の行動に移ったからこそアマゾンを成功させることができたのです。

「俺の人生」をムダ遣いするヤツは許さん

インターネットの持つ将来性に気づいたベゾスはすぐに行動に移していました。当初は「インターネットで本を売る」ビジネスをD・E・ショーで実現することも模索しましたが、それでは自分の会社ではなく、ショーの会社になってしまいます。

ウォール街での好待遇を捨てて独立する意思を固めたベゾスはデビッド・ショーにその意思を伝えますが、散歩に誘われてこう諭されました。

「今の仕事は安定しているし、給与もよければボーナスもたくさんもらえる。それを辞めて不安定なスタートアップに身を投じる必要はないだろう」

スタートアップに身を投じていいのは、ベゾスのような安定した仕事を持つエリートではなく、平気でリスクを負うことのできる職のない若者だというのがショーの言い分でした。

たしかにとても説得力のあるアドバイスでしたが、ベゾスは**「後悔最小化理論」**を思いつき、こう考えました。

「1994年の半ばでウォールストリートの会社を辞め、ボーナスをもらい損ねても、80歳になった時、それを後悔することは絶対にないと思ったのです。そういうことがあったと覚えてさえいないかもしれません。

逆に、このインターネットというもの、燃えるような思いを抱いているものに身を投じなかった場合、あの時やっておけばよかったと心から後悔する可能性があると思いました。トライして失敗しても、それを後悔することがないことも分かっていました」

こう考えたら、決断するのはとても簡単だったといいます。むしろこんな気持ちが背中を押しました。

「年に2300%も成長しているとなると、すぐに行動に移さなければなりません。その切迫感が一番重要な強みになるんです」

そんなベゾスの決心に対し、ベゾスの両親は反対、「その仕事は夜か週末にやればいいのでは」と提案しますが、ベゾスはこう言って却下しています。

「それじゃだめだ。**世界はものすごい勢いで変わってるんだ。**僕も急がなきゃいけない」

「いくら良い発明・発見をしても、100万分の1秒遅れたら、発明でも、発見でもない」はホンダの創業者・本田宗一郎氏の言葉ですが、それほどにビジネスの世界で勝負を制するのは「時間」だということをベゾスもよく理解していました。

ましてやインターネットの世界の時間単位は通常の時間単位よりも速く進んでいます。

その言葉通り、以後のベゾスはすさまじいスピードでものごとを進めていきます。創業当時の取締役トム・アルバーグによると、ベゾスは自分のアイデアであれ、部下のアイデアであれ、**「即実行する」**を何より重視しています。こう話しています。

「迅速に決定を下して、それをやり遂げることができるんです。私たちがやろうとしていることを話すと、即実行に移すべきだと承認してくれます。もちろんかなり分析もするんですが、きわめて行動志向なんです。考えが浮かぶと、無理をしてでも実行しちゃうんですよ」

まず、やってみろ

ある時、それまで24時間の売上げに基づいて作成していたブックリストを「1時間単位で更新する」というアイデアが出たことがあります。そのアイデアを聞いた誰もが「ばかばかしい」と取り合おうとしませんでしたが、ベゾスはこう指示しました。

「48時間あればできるはずだ。私はそうしたいんだ。実行しよう」

結果、ランキングは世間の注目を集めるようになり、今日の日本でもそうですが、多くの作家や編集者たちが1日に何度もアマゾンのランキングをチェックするようになったのです。

誰かがアイデアを口にした時、ほとんどの企業ではそのアイデアが「良いか悪いか」という議論に多くの時間を費やしますが、ベゾスの場合は「まずやってみる」を何よりも重視しています。

当然、失敗もあるわけですが、失敗すればやめるか、改善すればいいだけという割り切りがそこにあります。

むしろ怖いのは失敗すること以上に、**やらなかったことによる後悔**です。

ベゾスの求めるスピードはすさまじいものです。あるプロジェクトの進め方についてベゾスにこっぴどく叱られた経験を持つ社員の1人が、その理由をこう話しています。

「世の中の会社の99％よりも速く動いていたかもしれないと思うのですが、それでも遅すぎたわけです」

イノベーションを起こすには「まずやってみる」が重要で、やることもせずに議論に時間を費やすことはただの時間のムダ遣いでした。ベゾスは社員のくだらないアイデアやいい加減な仕事についてはこう非難します。

「俺の人生をムダ遣いするとはどういう了見だ？」

ベゾスにとって「時間」はそれほどに価値あるものなのです。

書類は、限界まで短くまとめろ

時間をムダ遣いすることを嫌うベゾスがアマゾン社内で徹底していることの一つが、会議で提出する資料は**6ページ以内にまとめたプレスリリース形式にする**というものです。

「新しい機能や商品が世間にどのように伝えられるのかを知らず、神様である顧客がそれをどう受け取るのかを知らずにすぐれた意思決定はできない」というベゾスの考えを反映したものですが、そこには会議を可能な限りムダのないものにしたいという思いもあります。

「6ページ以内の意見書は、文章がうまい社員が有利になる」と反対する社員に、こう反論しています。

「僕はここをカントリークラブにしたくない。我々は大変な仕事をしている。ここはリタイアした人が集まる場所じゃないんだ」

ベゾスがなぜこんな厄介な仕組みを導入しようとしたかというと、何かを提案する時には深く考え、時間をかけて説得力のある文章を書いてほしかったからです。

日本のトヨタに「A３一枚にまとめる」という習慣があります。そこには何が問題かに始まって、その真因や改善策、効果予測などをすべて盛り込むわけですが、これだけのことをA３一枚にまとめるとなると、担当者はよほど真剣に調べ、考え抜くことが必要になります。

何でもそうですが、長い文章を書くとか、たくさんの図表だらけの何十枚もの資料をつくるというのは、時間はかかるもののそれほど大変ではありません。一方、その内容を「短く誰にでも分かるようにまとめる」というのは大変な努力が必要になります。

「企画書のことなど顧客はまったく知らない。スライドに映すグラフの準備に何週間かけようと、市場は気にもとめないだろう」はGEの伝説のCEOジャック・ウェルチの言葉ですが、たしかに企画書や意見書は何十ページの本である必要はありません。

「短く簡潔に要点だけをまとめる」は企画書を作成する人にとっても時間の節約と頭のトレーニングになるだけでなく、それを読み、決裁をする人にとっても大変な時間の節約になるのです。時間のムダ遣いを嫌い、スピードを何より重視するベゾスにとって6ページ以内の意見書は絶対に譲れないものでした。

結果、**会議の冒頭には6ページ以内にまとめられた意見書が配られ、それを全員が15分間、黙って読んだ後に議論に入る**ようになったといいます。

ここでどうしようもないものを提出しようものなら、こう叱咤《しった》されます。

「これはどう見てもBチームが書いたものだな。誰か、Aチームが書いたものを持って来てくれないか。Bチームが書いた文書で時間をムダにしたくないんだ」

ベゾスにとって「時間をムダにすること」は何より耐えがたいことだったのです。１９９４年に創業したアマゾンは、開業まで1年近くの時間を費やしています。

理由は**「既存のソフトに組み込まれているようなビジネスモデルではなく、自分たちのためのビジネスモデル」**を開発しようとしたからです。すべてはベゾスの「完璧主義」とも言えるこだわりのためですが、お陰でベータテスト、本格的なサービス開始と大きなトラブルなしのスタートにつながっています。

さらにベゾスは、信念とも言える「顧客は常に正しい」を貫くために、サービスやソフトを「顧客の要望」に合わせ続けています。たとえば返品可能期間は、本を受け取ってから15日以内から30日以内に延長していますが、こうした変更は「経理の立場からすると、まさに悪夢」だったといいます。

にもかかわらず、ベゾスは物理的に不可能なケースを除いてほぼ例外なしに顧客の希望に応えようとします。

しかも、「すぐに」実行に移すというのがベゾスの特徴です。ベゾスは自分の時間をムダ遣いされることを極端に嫌いますが、同様に**顧客の時間をムダ遣いさせたくない**という思いもとても強いからです。

良いこと、正しいことはいつだって「すぐに実行する」のがベゾスのやり方です。しかし、現実には先ほどの経理にとっての悪夢のように、デザイナーたちにとって受け入れがたい要求が突きつけられることもあります。

キンドルを開発している時も、ベゾスは開発チームに自分が考える機能について自説を曲げることはありませんでした。反対する社員にベゾスはこんな言葉を突きつけたことがあります。

「この問題について君の口を閉じさせるには、この会社のCEOは僕だという証明書をどっかでもらってこないといかんのか?」

アップルのスティーブ・ジョブズもそうでしたが、CEOが一旦「こうしよう」と決めたなら、それをひっくり返すのは至難の業です。その良し悪しはともかく、そんな強引さもアマゾンのスピードを支える一つなのです。

「長期的」に考えれば、ライバルは勝手に消えていく

ベゾスの仕事の進め方の特徴の一つは「圧倒的なスピードへのこだわり」です。変化の激しいインターネットの世界で勝ち抜いていくためには「いかに速く大きくなるか」が重要であり、そのためにはスピードを何より重視することになります。

では、すべてに速さを求めているかというと、決してそうではないところにベゾスの特異性があります。

そこにチャンスがあり、「やるべきだ」と決めたなら「すぐにやる」のがベゾスですが、これまで述べてきたように「すぐに利益が出る」とか、「すぐに

成果が出る」ことにはこだわりを持っていません。

むしろ「時間がかかる」ことを当然として、「じっくり待つ」ことで大きな成果が得られると考えています。こうした**「スピードを重視する一方で、成果が出るまで何年でも待てる忍耐力を備えている」**ところにベゾスの、そしてアマゾンの強みがあります。

「もしすべての仕事が3年間という時間軸の中で行われなければならないとしたら、たくさんの競合と戦うはめになります。しかし、それを7年で考えれば、競合の一部と戦うだけで済みます。

なぜなら多くの企業はそういうふうに考えないからです。そうやって時間軸を延ばしていくと、そうでなければやろうとさえ思わなかったような事業に乗り出すことが可能になります。**アマゾンでは、だいたい5〜7年の時間軸で動くのが好き**ですね。種をまいて、育てるのです」

ベゾスは、アマゾンの創業もそうですが、キンドルなどに代表される「イノベーション」を得意としています。

一方、お金も人もブランド力もある大企業でありながらイノベーションを起こすことができない企業も数多くあります。

なぜ人もお金も技術も持つ企業がイノベーションを起こすことができないのかについて、ベゾスは「長期的な視野」の有無が影響していると指摘しています。

なぜ大企業にイノベーションが起こせないのか

「大企業がまっさらな状態からイノベーションを起こす時、大きな問題になるのは、何をすればいいかがわかっている状態からでも**とにかく長期的な視野に立って考えなければならない**点です。

どうしても、会社のごく小さな部分に留まる状態が長く続くわけですから。

5年、7年、10年と待つつもりで進めなければなりません。でも、10年待てる会社はなかなかないのです」

イノベーションには失敗がつきものです。どんなに良いアイデアでも、そのすべてが形になるわけではありません。

ソニーの創業者・井深大氏によると、アイデアを考える力を1とすると、それを商品にして、大ヒットさせるには10倍、100倍の力が必要になります。決してアイデアを軽視しているわけではありませんが、それほどに一つのアイデアを形にするというのは難しく、すべての失敗を避けるのは不可能なのです。

あるいは、うまくいったとしてもすぐに莫大な利益を生むわけではありません。成功までには長い時間がかかりますし、先が見えない不安を耐える時期も必要になります。

アップルの創業者スティーブ・ジョブズはマッキントッシュの開発を進めていた頃の心境について「月に一度しか動かないコンパスを頼りに、ジャングルを歩くようなものだった」と話していましたが、イノベーションにはいつだって先の見えない不安がつきものなのです。

そんな時、「いつになったら利益が出るんだ？」という社内や社外の声が強すぎると、せっかくのイノベーションの種を育てきれなくなってしまいます。結果、「あと一歩」のところまで来ていながらやめざるを得なくなることもあれば、中途半端なところで妥協せざるを得ないこともあるのです。

これでは、アマゾンのようなイノベーションは絶対に不可能です。

ベゾスは「いつ利益が出るか分からないなんて悠長すぎる」という批判に対して「分かってもらわなくてもかまわない」と平気で切り捨てます。

大企業がイノベーションを起こせないのは、人やお金の問題ではなく、目先の数字に追われてアマゾンのような長期の視点での取り組みができにくくなっているからなのです。

かつては「健全な赤字」という言い方がありましたが、こうした長期の取り組みがあってこそ、企業はイノベーションを現実のものにできるのです。

ライバルとの戦い方は一つとは限りません。「難しい課題に挑戦すればするほどライバルはいなくなる」がグーグル流の考え方なら、**「長期的な視点に立てば立つほどライバルがいなくなる」**がアマゾン流の考え方です。いずれも大企業の弱点をよく知っています。

ベゾスの強みはスピードを重視しながらも、5年、10年という非常に長い視点でものごとに取り組むことができることです。アマゾンという企業と戦うためには、スピードだけでなく、長期の視点でものごとを考えることもできないと、勝つことなど期待できないのです。

問題解決のヒントは「長期思考」から見つかる

ベゾスの仕事の特徴はものごとを長期で考えるところにあります。多くの企業が1年とか3年、場合によっては四半期で成果を上げなければと考えるところを、3年どころか、5年、10年、あるいはもっと長いスパンで考えようとします。

そんな長期思考の象徴の一つなのでしょうか、ベゾスはロング・ナウ協会に4200万ドルを寄付、1万年動き続ける巨大時計づくりを進めています。

スティーブ・ジョブズがスタンフォード大学の卒業式で行なった有名なスピーチの「ハングリーであれ、愚直であれ」は、スチュアート・ブランドが雑誌「ホール・アース・カタログ」に掲載したものですが、ブランドはしばらく前から「人類は1万年単位で思考すべきだ」という「ロング・ナウ」というビジョンを提唱しており、1万年時計はその象徴として構想されたものです。

ベゾスはこのアイデアに賛同して寄付をしています。場所はブルーオリジンのロケット発射基地からあまり遠くない西テキサスの山中で、完成したあかつきには日ごとにチャイムが鳴るだけでなく、1年ごと、100年ごと、1000年ごとにメロディーを奏でることになっています。

なぜこのようなプロジェクトに寄付をしたのか。ベゾスはこう話しています。

「1万年時計をつくるのはそれが**長期思考**のシンボルであり、そして人間の責任が長い年月に及ぶものだという理念を示すものだからです」

テクノロジーの進歩は人間の暮らしを豊かにする一方で、環境破壊などの多くの問題も引き起こしています。

増加する一方の人口を本当に地球が支えきれるかどうかも不透明です。ベゾスが宇宙開発にこだわるのはこうした危機から人類を救いたいという思いもありますが、何よりそこには「今」だけではなく「長期」でものを見て、考える姿勢が不可欠だと信じているからです。

5年、10年という単位ならさしたる脅威ではないことも50年、100年と時間軸を延ばせば脅威になります。しかし、人間の思考というのは目の前の危機にはすぐに対応しようとしますが、長期の厄介な問題からは目をそらす傾向があります。

こうした姿勢が結局は将来に大きなつけを回すことになります。だからこそベゾスにとって「1万年」という長すぎるほどの未来を意識することは、人類の責任を考えるうえでとても大切なのです。

「すべては長期にわたる計画だ」

2008年、ベゾスはグラッシーベビーという手作りのガラス工房に出資しています。ベゾスがショップで商品を目にして気に入り、同社オーナーのリー・ローデスに会いたいという連絡をしたのがきっかけです。ベゾスとローデスが今後の出店について話し合った時、ベゾスからこんな提案があったといいます。

「アフリカへ行こう。海岸の砂を使えばいい。大勢の人の仕事を生み出すんだ」


アフリカの人たちのために寄付をするだけでなく、仕事を生み、雇用を生み、富を生み、一人ひとりが寄付に頼らずとも自立できる社会をつくることができればそれが一番望ましいというのがベゾスの慈善事業に対する考え方です。

「ただ寄付をするというのはあまりにも安易だ。きちんとやるのなら、細心の注意を払うことが必要なのは、会社を成功に導くことと変わりはない」


さらに慈善事業では「今」だけではなく、アマゾンのような「長期の視点」が欠かせないと考えています。こう話しています。

「世界の食糧危機をどうやって解消すればいいのかという例で考えてみましょ

う。もし5年という時間枠で考えてしまえば頭を抱えてしまうだけです。これではは手のくだしようはありません。

そこで、この問題を100年の視点に立って考えてみることにしましょう。その頃にはもうみんな死んでしまっているのでそれも問題かもしれませんが、こうした視点に立つことによって問題解決の糸口はもっと容易に見つかるはずです」

たしかに現在、世界が抱える問題はあまりに大きくあまりに複雑です。こうした問題に短い期間で答えを出そうとするとできることは限られますが、50年、100年という単位で考えれば短期の計画、中期の計画、長期の計画とさまざまなアプローチが可能になります。

「すべては長期にわたる計画だ」はベゾスの言葉ですが、人類や地球が抱える問題を解決するためにはこうした長期の視点が欠かせません。

今、答えがないからといって、それは未来永劫答えがないことを意味するわけではありません。

今すぐに答えの出ないことも、じっくり構えてコツコツと取り組めばたいていのことは解決できるというのがベゾスの考え方です。

Column 3

物流をいかに制するか

「アマゾンはロジスティックカンパニー(物流会社)だ」と言うほどベゾスは「物流」を重視しています。それは創業の頃から変わらない考え方です。

創業当初こそベゾスは倉庫を持つことは考えていませんでしたが、すぐに宗旨替えをして自前の倉庫を持ち、すぐれた物流の仕組みをつくることこそがアマゾンの成長には欠かせないと考えるようになりました。

サービス開始からしばらくして、ベゾスは倉庫スタッフにこう言うようになりました。

「顧客がアマゾン・ドット・コムのことを知る数少ない接点は、ウェブサイトと郵送で受け取る本だけであり、倉庫がなければ会社は存続しない」

アマゾンのサービス開始前、ベゾスは登場したばかりのオンライン書店で試験的に本を購入しています。注文から2週間後、約6ドルを支払った一冊の本が手元に届きますが、その本は輸送でぼろぼろに傷んでいました。これでは「読みたかった本が手元に届いた」という喜びは消え失せてしまいます。

本をネットで売る以上は**「安く」「速く」、そして「丁寧に」届けることが不可欠**になります。そしてそのためにはアマゾンは「ロジスティックカンパニー」にならなければならないというのがベゾスの考え方でした。

以来、ベゾスは物流センターの運営は外注することなく、自前での運営を続けていますが、配送に関しては「自社でコントロール」するよう心掛けながらアメリカのUPSやフェデックス、日本のヤマト運輸などに多くを依頼しています。

アメリカにおいては2010年代に入ってから自社配送にも取り組んでいます。たとえば、コンビニなどに設置された「アマゾン・ロッカー」を使えば、顧客は自宅にいなくても、アマゾン専用のロッカーで商品を受け取ることができます。

こうした専用ロッカーのメリットの一つは、再配達の手間が必要なくなることです。決められた専用ロッカーへの配達が増えれば増えるほど、配送は効率的に行うことができますし、配送距離も縮まるため、アマゾンとしては運送会社に支払う配送費を減らすことができます。

アメリカでは「アマゾンが数千台のトレーラーを購入」「ボーイング機20台のリースを交渉」といったニュースが大きく報じられるほどですが、アマゾンは輸送手段を可能な限り自前化して、配送プロセスを自社に都合の良いよう、自社の望む形にコントロールしようとしているのです。

ベゾスがここまで物流にこだわるのは、どんなにたくさんの商品を揃えようが、どんなに安く提供しようが、「商品をいち早く顧客に届ける」ことができなければ「顧客の満足」が得られないことをよく分かっているからです。

アメリカにおけるアマゾンの物流網は、それまでの運送会社のサービスレベルが山ほど高くなかったため、かなり効果を発揮していますが、日本ではヤマト運輸をはじめとする運送会社のサービスの質が高かったこともあり、長くヤマト運輸依存の配送を行ってきました。

しかし、2017年に入り、ヤマト運輸などの運送会社が価格の引き上げに踏み切ったこともあり、アマゾンは地場運送会社との提携強化などにより「より安く、より速く」に磨きをかけようとしています。アマゾンジャパンのジャスパー・チャン社長はこう明言しています。

「われわれの戦略ははっきりしている。全国的にスピード感を持って、最低コストかつ便利な形でお客さまにデリバリーを行う」

アマゾンなどのネット通販が増えれば増えるほど、運送会社の扱う荷物は増え、それに伴う人件費などのコストも急速に増えていきます。当然、その分はアマゾンなどネット通販会社への値上げ要請につながり、それだけ各企業はコストが増えることになります。

となると、ここでもアマゾンのように自前の物流センターを持ち、自社がコントロールできる物流網を構築できる会社と、そのほとんどを運送会社に頼らざるを得ない会社との間にはとてつもなく大きな差が生まれることになります。

なぜこうした差が生まれるのでしょうか？　そこにはベゾスが早くから物流の大切さを知り、自社を「ロジスティックカンパニー」と位置付けてきたのに対し、ほかの通販会社はそこまで物流を意識していなかったことが影響しています。

ベゾスの**「より速く」へのこだわりはアマゾンのサービスを最良のものとするための原動力**ですが、いつの日かアマゾンが世界最強のロジスティックカンパニーになるのではという恐れさえ感じさせます。

第四章

ライバルを食い、自分も食え

アマゾンは征服者ではない。探検者である

アマゾンの登場は世界の消費者の「商品の買い方を変えた」というほどの衝撃を与えましたが、それは既存の企業にとって「存続の危機」を意味するものでもありました。

ある日本のドラマで、東京から地方に転校してきた女子高生が東京に憧れる友人に「今はネットで何でも手に入るし東京もこっちも変わらない」といった趣旨の話をしていました。

もちろん「商品が買える」ことと、「東京で暮らす」ことの間には大きな差がありますが、それでもアマゾンの登場によって、多くの人が「どこにいても

欲しいものはたいてい手に入る」時代に入ったと言うことができます。

一方で、多くの「店を構えて商品を売る」人たちにとっては「店なんていらないよ」と言われているのと同じことを意味します。

アマゾンが大きくなること、それは競合する企業にとってはまさに脅威であり、どうやって対抗するか、どうやって生き残るかを考えざるを得ない深刻な課題と言うことができます。

最初にアマゾンの脅威を感じたのは書店でした。アマゾンの登場は本の買い方を一変させ、消費者にとってはありがたい存在となりましたが、一方で街から書店が姿を消すという厳しい事態も引き起こしています。

もちろんすべてがアマゾンのせいではありませんが、書店や出版社から見ると、アマゾンにはたしかに破壊者とか征服者というイメージがつきまといます。

グーグルが急成長を始め、既存のメディアや広告業界が大きな脅威を感じ始めた頃、グーグルのことを「破壊者」とみなす関係者は少なくありませんでした。テレビや新聞、雑誌などが信じていた「広告の魔法」を破壊するグーグルへの警戒心や恨みつらみから生じた見方です。

しかし、こうした見方に対し、同社CEOを務めていたエリック・シュミットは自らを「破壊者」と認めたうえで、「古いモデルを新しいモデルに置き換えるのが資本主義のプロセスだ。イノベーションが経済を成長させる」とも言い切っています。

「アマゾンされる」(To be Amazoned)

グーグルが大きな破壊力を持っていたように、アマゾンの破壊力もかなりのものでした。ビジネスの世界に**「アマゾンされる」(To be Amazoned)**という言い方がありました。その意味は「急成長しているシアトルのオンライン会社が、自社の従来型事業から顧客と利益を根こそぎ奪っていくのをなすすべもなく見る」ということでしたが、たしかにこうした脅威は日本でも多くの業界が感じていることです。

アマゾンは日本でのキンドルの発売にあたり、家電量販店での販売も考えていましたが、ヤマダ電機などから販売を拒否されました。理由は「実店舗のショールーム化」に対する家電量販店の反発でした。

家電を買いたいお客さまは家電量販店に行って、あれこれ商品を見て回りながら店員からの詳しい説明を聞きます。そして「これを買おう」と決めたらその店で買うのではなく、家に帰ってアマゾンから注文して、自宅に届けてもらうというケースが少なくないのです。

これではまさに実店舗はアマゾンのショールームであり、店員はアマゾンの案内係になってしまいます。

同様のことがさまざまな業界で起きています。どうせ買うならできるだけ安く買いたいし、楽な買い方をしたいというのが消費者の考え方です。これではアマゾンを「支配者」とか「征服者」と見る人がいるのも仕方がないことです。

こうした見方に対してベゾスはこう言っています。

「他社は征服者だという意識ですが、アマゾンは自分たちを探検者だと考えています」

征服者というのは、みんながそれなりに幸せに暮らしているところに入り込んで破壊をし、支配者になるというイメージですが、ベゾスの言う探検者というのは、未開の地に分け入って新たな発見をするというイメージです。

ベゾスにとってアマゾンを創業した当時の書店や取次、出版の世界は巨大ではあっても、「合理的なビジネスとは言えない」状況でした。膨大な返品や利益率の低さ、かかりすぎる時間など、ビジネスとしての効率が悪く、結果的に書店も取次も出版社も、そして顧客もたくさんの不便や不合理を感じていたのが当時の出版業界でした。

言わば、ベゾスはこうした未開の地に**合理的なビジネスを持ち込んだ探検者**であり、決してみんなが満足していた地を破壊した征服者ではないというわけです。以来、ベゾスはさまざまな業界に「探検者」として入り込み、結果的に「征服者」とも見られているわけですが、そんなベゾスの「ライバルを食い、自らも食う」やり方について以下見ていくことにします。

win-winなど生ぬるい。「片方が常に勝つ」のが交渉だ

アマゾンが「探検者」であれ、「征服者」であれ、自分たちの考えるビジネスを展開していくために欠くことができないのが巧みな交渉力です。

アップルの創業者スティーブ・ジョブズが成功したのは、「すぐれた製品をつくり上げる力」を持っていたからだけではありません。

それ以上に、自分が欲しい人材を口説き落として自分の思うような仕事をさせる力や、ＩＢＭやマイクロソフト、ディズニーといった当時のアップルにとっては巨大すぎる企業を相手に見事な交渉力を発揮し、自分が必要とするものを手にすることができたからです。

世界を変えるためには、ジョブズが見せたような巧みな交渉術は欠かせません。

それはベゾスにとっても同様でした。電子書籍事業に乗り出すことを決めたベゾスにとって、成功にはすぐれたハードをつくること以上に、たくさんの電子書籍を用意することが不可欠でした。

アマゾンがキンドルを世に送り出したのは2007年です。最初の電子書籍リーダーが世の中に出てからすでに15年も経っていましたが、十分には普及していませんでした。理由は電子書籍リーダーの使いにくさ、読みにくさなどに加えて、販売されている電子書籍そのものが少なかったからです。

これではどんなにすぐれたハードをつくったとしても、利用者など増えるはずもありませんでした。

そこでベゾスはキンドルの発売に際し、10万タイトルをダウンロードできるようにすることを目標にしました。それも名もない本や売れない本ではダメで、「ニューヨークタイムズ」のベストセラーに入ったタイトルの90％を含めてこの数字を達成しようとしたのです。

これはとてつもない難題でした。

アマゾンが登場した頃、出版社にとってアマゾンは大型書店チェーンに対抗する勢力であり、たくさんの本を売ってくれるありがたいパートナーでしたが、アマゾンが成長して力をつけるにつれて厄介な存在ともなり始めていました。たとえばアマゾンの要求を飲もうとしない出版社に対しては、推奨アルゴリズムからはずすことで売上げを40％も落としてみせることもありました。これでは出版社は白旗を上げるほかありません。

出版社との交渉にあたったランディ・ミラーは大手の出版社と激しくやり合いました。

たとえば、割引をなくす、推奨アルゴリズムからはずす、他社の本をあえて推奨する、さらにはランキングの上下に敏感な著者を使って出版社に圧力をかけるといった「あらゆる手段で彼らの売上げを落とそう」としました。

こうした出版社との駆け引きをダン・ローズとジェフ・スティールはこう評

しています。
「あの仕事は、手足をばたつかせていやがる出版社を21世紀に引きずっていくようなものだった」

交渉は「勝つか負けるか」でしかない

アマゾンがあらゆる手練手管を使っていた頃、出版業界からアマゾンへの転職を希望する人が面接で「交渉にはどういう戦略で臨みますか」と質問され、「当事者双方が満足しなければ交渉は成功ではない」と答えたところ、はっきりとこう言われました。

「それはアマゾンらしくない。片方が常に勝つようにするのが交渉だ」

日本企業がよく口にする「サプライヤーとの共存共栄」なる言葉はアマゾンには存在しません。交渉は勝つか負けるか、100得る者がいれば、相手が手にするのは0なのです。こうした厳しい交渉を経て2007年秋、キンドル対応の電子書籍が目標にあと一息の9万冊に到達しました。

ベゾスは最初のキンドルを発表するとともに、本の価格についても「ニューヨークタイムズ紙のベストセラーと新刊を、わずか9ドル99セントで提供します」と発表しました。

これには出版各社が驚きました。ある大手出版社の幹部はこう嘆いたといいます。

「戻ってやり直せるなら、『いい話をありがとう。キンドルというのはすごいものだと思うけど、まずは、コスト割れの値段で売らないという契約を結ぼう』と言いたいですね。居眠りしながら舵を取っていた気がします」

人気の書籍が紙の本よりも安く買うことができれば、人は電子版を買うようになります。2011年、アマゾンのユーザーは紙の本よりも電子書籍を選ぶことが多くなり、ベゾスはこんな言葉を口にしました。

「我々は最終的にこうなることを強く望んでいました。しかし、こんなに早く実現するとはまったく想像していませんでした」

その後も出版社との間で価格を巡る激しい対立が起きていますが、ベゾスは時にそうした要求を飲みながらも、価格を引き下げるための交渉や圧力の手を緩めることはありません。

交渉で目指すのは「win-win」ではありません。片方が常に勝つようにするのがベゾスにとっての交渉であり、**アマゾンと交渉するつもりなら、圧倒的に勝つか、惨敗するか**の二つに一つしか道はないのです。

「他人に食われるくらいなら、自分で自分を食え」

「コダック・モーメント」という言い方があります。かつては「写真撮影の決定的瞬間」を意味していましたが、2012年にコダックが倒産(企業規模を大幅に縮小して再出発、2013年に再上場)して以降は「市場が急激に変化する決定的瞬間」を指す言葉になっています。

同社は世界で初めてロールフィルムやカラーフィルムを発売した世界最大の写真用品メーカーでしたが、その大きすぎる成功ゆえに、せっかく世界初のデジタルカメラを開発しながらもデジタル化の波に乗り遅れて倒産しています。

まさに**「イノベーションのジレンマ」**の代表例と言えますが、自らが「イノベーションのジレンマ」に陥らないために絶えざる革新を続けているのがベゾス率いるアマゾンです。

2004年、iPodやiTunesによって音楽の聞き方や買い方に革命を起こしたアップルへの対応策が、アマゾン社内で話し合われました。取締役のジョン・ドーアがこう振り返っています。

「音楽事業がiPodから受けた影響に、我々は戦々恐々でした。我々の中核事業である書籍を狙ってアップルかどこかが新しい機器を出してくるのではないかと生きた心地がしなかったのです」

当時、アマゾンの売上げの74％は書籍と音楽、映画で占められていましたが、アップルによってCD事業は「内臓から食い荒らされ」ていました。

イノベーションには既存の製品や既存の業界を破壊するほどの力がありますが、かといって誰も既存の製品を懐かしがったりはしません。グーグルの前CEOエリック・シュミットがこう言っています。

「ポケットベル業界が立ち行かなくなったことを残念に思うかい？　思わない

だろう。代わりに携帯電話があるからさ。優れた代替え品にあらがうのは、どうあがいても無理なんだ」

アマゾンを急成長させてくれたのは間違いなく「紙の本」であり、その後取り扱うようになったDVDやCDといった製品群です。

ところが、スティーブ・ジョブズによってCDはあっという間に過去の遺物になってしまいました。CDがなくなったわけではありませんが、多くの人にとって音楽はCDを買って聞くのではなく、ダウンロードして楽しむものに変わってしまいました。

ベゾスが恐れたのは同様のことが「紙の本」で起きることでした。もしアップルやグーグルがデジタルで本を読むことを可能にしてしまえば、紙の本ばかりか、紙の本を売るアマゾンという会社さえ「過去の遺物」になる恐れがあったのです。「他人に食われるくらいなら、自分で自分を食った方がずっとマシ」がその時のベゾスの心境でした。

ジョブズも「自分で自分を食わなければ、誰かに食われるだけだからね」としばしば口にしていました。ｉＰｈｏｎｅを出せばｉＰｏｄの売上げが落ちるかもしれないと躊躇して革命的製品の開発をためらったなら、その時はいいかもしれませんが、他社が革命的製品を出した瞬間にすべてを失うことになります。そうならないためには革命は自分たちの手で起こし、さらなる成長をすればいいというのがジョブズ、そしてベゾスの考え方でした。

ベゾスはこう言い切りました。

「本は、未来永劫、死んだ木に印刷しなければならないなど、どこにも書かれていません」

ベゾスは無類の本好きです。にもかかわらず、なぜ紙の本を過去の遺物にするような製品をつくろうとしたのでしょうか。あるインタビューでこう答えています。

「我々が愛しているのは、言葉とアイデアなのである」

ベゾスにとって重要なのは「本という形」ではなく、「本に書かれている言葉とアイデア」でした。そしてもっと多くの人に「本」を読んでもらいたいとも考えていました。

2007年11月、ベゾスは「キンドル」を発表、ダウンロードできる本もしっかりと用意しました。それからも改良を続け、ダウンロードできる本も増やし続けた結果、2011年には顧客は紙の本より、電子書籍を多く選ぶようになっていました。

紙の本へのこだわりを捨てたからこその成功でした。こうした決断ができる理由についてベゾスはこう話しています。

「企業文化としての私たちの最大の強みは、何かを生み出したら何かが壊れるということを受け入れることができるということです」

「進化と無縁であることが極めて危険なのです」はベゾスの言葉ですが、ベゾスは自ら進化を起こすことで、アマゾンを「紙の本を売る」企業から、「言葉とアイデアを届ける」会社へと変えることに成功しました。

「自分で自分を食う勇気」があればアマゾンになれるし、その勇気を持たない企業はアマゾンに食われる宿命なのです。

批判には「なぜ、やってはいけないの？」で応えよ

「アマゾンとはどんな会社なのか？」「ジェフ・ベゾスとは何をやっている人なのか？」をひと言で言い表すのは、今やとても難しいでしょう。

創業当初のアマゾンなら「地球最大の本屋」というキャッチフレーズが言い表しているように、インターネットを通じて本を販売している会社というだけで説明できましたが、その後のアマゾンは次々と取り扱い商品を増やし、今やその品ぞろえは2億種類以上と言われています。

これだけでも十分巨大ですが、そればかりか動画や音楽の配信も行い、アマゾン制作のドラマはゴールデングローブ賞さえ受賞しています。さらにハード

も製造、「キンドル」のほかに、スマートスピーカーの「アマゾン・エコー」も大ヒット、クラウドサービスの「AWS」も世界市場の3割以上のシェアを握っています。

これほどの規模になると、アマゾンと関わりのない業界や会社を探す方が難しくなります。さらにベゾスに関して言えば、ブルーオリジン社で宇宙ロケットの開発をしたり、「ワシントンポスト」の買収も行うなど、その活動はさらに広範囲にわたっています。これでは「アマゾンとは?」への答えなど簡単に出るはずもありません。

ベゾスは非常に早い時期からこうした状態を目指していました。ITバブルがはじける少し前のことですが、ベゾスは急激に拡大する取り扱い製品について、「ウェブ界のウォルマートになることを目指しているのか?」と聞かれて、こう答えています。

「ウェブ界の誰々になろうとしているわけではありません。**私たちは生来開拓者ですから。**うちの従業員は皆、まったく新しいことを行いたいと思っています。私は毎朝、私たちをたった8秒のサウンドバイトで要約しようとするジャーナリストやお偉方を、絶対にあっと言わせてやるぞと思って目を覚ましていますよ」

「安易な類推」を無視しろ

マスコミや批評家というのは「○○二世」とか「○○界の誰々」といった言い方が大好きです。たとえば、「ウェブ界のウォルマート」は流通業界のナンバーワン企業ウォルマートを意識してのものだし、ベンチャーキャピタルのジョン・ドーアが口にした「ジェフ・ベゾスはインターネットでのマイケル・デルなんだよ」も分かりやすい喩えと言えます。

ベゾスはこうした「分かりやすい喩え」を意味のないものだと感じているようです。たしかに一時的にはその比喩は分かりやすいのかもしれませんが、ベゾスのように次々と新しいことに挑戦するタイプにはあっという間に陳腐化する無意味なものとなります。ベゾスは成功を定義する方法としてこんな言い方をしています。

「安易な類推を、どれだけうまく無視するかだ」

その言葉通り、ベゾスは「安易な類推」を無視するかのように、アマゾンを次々とつくり変えています。

最初は「本」に集中していましたが、株式を公開して以降は取り扱い品目を次々と拡大しただけでなく、オークション部門への進出や、靴や衣類を扱う「ザッポス・ドット・コム」といった企業の買収などを推し進め、電子書籍リーダー「キンドル」の開発に多額の投資も行いました。

多角化は時に大きなリスクをはらんでいます。本業の強みを生かすことができる分野ならともかく、キンドルのようなハードウェアの開発は当時のアマゾンにとって未知の分野であり、決して強みが発揮できるとは思えませんでした。

それどころかアップルなどに叩きのめされるのが落ちだと見る人も少なくあ

りませんでした。ウォール街や株主、さらには社内の強い抵抗を受けましたが、ベゾスは意に介しませんでした。

「うちがこれまで携わった新規事業は、どれも最初は部外者に、いやときには社内の人間にまで散漫とみなされこんなことを言われたものさ。『どうしてメディア製品以外にまで手を広げるのか？　なぜサード・パーティーの販売業者と、マーケットプレイス事業に参入するのか？』。今もちょうど、新しいウェブインフラ・サービスについて、同じ質問を浴びせられているところなんだ。『なんだって新しいウェブ開発者向けサービスを始めるんだ？』とね」

普通はこれほどの批判を浴びれば、動きが鈍ることもあるはずです。よく使われる「餅は餅屋に任せてはどうか」という声にベゾスはこう反論しました。

「説得力はないですね。ビジネスにおいてよく出る疑問は『なぜそんなことをやるの？』というものです。いい質問です。でも、とするなら『**なぜやっては**

いけないの？』という疑問も、それと同じくらい正当性があるのです」

ベゾスが言うように「なぜそんなことをやるの？」と問う反対者は、「なぜやってはいけないの？」への答えを用意していないことがほとんどです。

この問いに対する納得のいく答えがない限り、アマゾンの拡大が止まることはなく、「アマゾンとは？」への簡潔な答えはさらに困難になっていくのです。

Column 4

ライバルとの戦い

アマゾンがここまで巨大化すると、「ライバルはどこなのか?」が分からなくなってきます。eコマースということで言えば中国のアリババ、クラウドサービスではマイクロソフト、グーグル、IBMなどがライバルになってきます。アマゾン・エコーなどではグーグルやアップルがライバルですし、ブルーオリジンにとってはスペースXが強力なライバルとなります。さらに「ワシントンポスト」の場合は、「ニューヨークタイムズ」などがライバルと言えるかもしれません。

ほかにも、元々はリアル書店にとってアマゾンは憎いライバルでしたし、それは街のレコード店や家電量販店にとっても同様です。さらに最近では映像の世界にも進出しているだけに、やがてはテレビ局や映画会社もアマゾンをライバルと考えるようになるかもしれませんし、いずれは物流会社もそうなるかもしれません。

これまでも巨大なグローバル企業はたくさんありましたが、アマゾンほど扱っている商品やサービスが多岐にわたる企業はなく、これほど多くの企業や業界と競合するケースはありませんでした。まさに「あっちもこっちもライバルだらけ」の状況ですが、やはりアマゾンが早くから意識していたのはウォルマートと言えるかもしれません。

ウォルマートの創業者サム・ウォルトンはベゾスと似たところがあります。ウォルトンは1945年にバラエティストアを始め、やがて大きなディスカウントストアをつくろうと思い立って62年にウォルマートの1号店をオープンしています。

コンセプトは商品を安く提供し、顧客に満足を保証することと、徹底した経費削減によって利益を顧客に還元することです。たとえば定価2ドルの品を50セントという安値で仕入れた場合、売値は50セントに30％を上乗せした65セントでそれ以上の価格付けを許しませんでした。

ウォルマートの成功を支えたのはこうした「ＥＤＬＰ（everyday low price）」、つまり「毎日が安売り」という徹底した低価格戦略ですが、そのためにウォルトンがこだわったのが、ベゾスもしばしば口にする徹底した節約です。ウォルマートが1ドル浪費すれば、それはお客さまの懐に響くことであり、1ドル節約すれば、それだけライバルに一歩先んじることができるというのがウォルトンの考え方です。こうも言っています。

「贅沢にとらわれると、最も大事なこと、つまりお客に仕えることに集中できなくなる」

さらに社員には「お客に奉仕する者、またそうする人々をサポートする者以外、わが社は必要としない」。

徹底した低価格へのこだわりと、徹底した節約の精神によって世界一の流通企業にまで成長したウォルマートですが、こうした考え方はベゾスととてもよく似ています。大富豪となっても質素な生活を続けたという点でもウォルトンとベゾスは似ていますし、その点からも、ベゾスが絶えずウォルマートやサム・ウォルトンの考え方・生き方を意識してきたのでは、と推測できます。

両社の間には売上げではまだ開きがありますが、時価総額ではアマゾンがはるかに上回っています。

そして現在、ウォルマートはeコマースへの進出を本格化させていますし、アマゾンも実店舗に進出と、いずれ両社は市場規模の大きな生鮮品の販売・配送サービスでも本格的にぶつかるのではと言われています。

アマゾンにとってもう一つ気になるライバルは中国のアリババです。商品を販売する出店者や個人から手数料を取る「マーケットプレイス型」のアリババと、独自に仕入れて販売をする「直販型」のアマゾンでは売上げはアマゾンが上回るものの、流通総額や利用者数はアリババの方が上回っていると言われています。

両社にとってそれぞれ中国以外、北米以外の売上げをいかに伸ばすかが今後の課題となっていますが、なかでも中国に次ぐ人口を有するインド市場をどちらが制するかが大きなカギを握っています。アマゾンはインドに積極的な投資を行うことで物流施設も強化、さらにはプライムサービスも開始と、ここではアリババに先行していますが、アリババも東南アジアに足場を築き、さらにインドでも「アリペイ」を武器にユーザーの獲得を目指しています。

このようにアマゾンの周りはまさにライバルだらけであり、この調子で成長していけば、さらに多くの企業や業界と競合状態になることが予想されます。そのためトランプ大統領は「アマゾンは市場を独占しすぎており、独禁法の大問題を抱えている」と警告、非難をしていますが、現状では多少の問題はあるものの、独禁法には抵触しないというのが一般的な見解のようです。

独禁法はともかく、これほどの競合状態の中、他社から憎まれることも多いベゾスですが、**「勝者はユーザーが決める」**も、今の時代の真実でもあります。

第五章 まず、やってみる

とにかく「実験」してみる

アマゾンが創業してすでに20年以上が経過しますが、アマゾンは創業当時と変わらずイノベーティブな企業であり続けていますし、さらに成長を加速させています。

多くの企業は、創業当初こそイノベーティブでも、成功し、大きくなるにつれて守りに入り、チャレンジングな姿勢を失いがちです。それに対して、アマゾンが変わることなく「ベンチャースピリットを持った巨大企業」であり続けるのはなぜなのでしょうか。

理由は、ベゾスの「まずやってみよう」という若い頃からの実験好き、失敗を恐れない挑戦好きの精神がアマゾンの社内に行きわたっているからです。

どんなにすぐれたアイデアでも、その素晴らしさを「言葉だけ」で伝えるのはとても難しいものです。たくさんの反対の声も聞こえてきます。**「新しいやり方と慣れたやり方を比べれば、たいていの人は慣れたやり方を選ぶ」**という言い方があるように、ほとんどの人にとって新しいやり方を受け入れるのは決して簡単なことではありません。そのアイデアが「いいか悪いか」を考える以前に拒否反応が先に立つものです。

そんな時「どうしてみんな分かってくれないんだろう」と嘆いたところで何も変わりません。反対の声を説き伏せるには何が必要なのでしょうか。

1988年、ファイテルを退職してバンカーズ・トラスト社に転職（国際信託サービス部門の副社長補佐）したベゾスは、わずか10ケ月で同社史上最年少26歳の副社長となりますが、この破格の昇進をもたらしたのはベゾスのすぐれた説得力でした。

今日のようにパソコンやスマートフォンをみんなが持ち、インターネットに簡単にアクセスできる時代ならごく当たり前のことも、ベゾスが働いていた80年代にはみんなが「そんなの無理だ」と思うことがたくさんありました。

たとえば、銀行の顧客が取引の状況や受取利息などを知ろうとすると、今なら自分のパソコンから簡単に見ることができますが、当時は定期的に送られてくる印刷物で確認するしかありませんでした。

ベゾスはこうした従来のやり方をやめて、コンピュータを使って最新の情報を顧客が見ることができるシステムをつくろうとしましたが、当然、たくさんの反対がありました。

「そんなことできるわけがない」

「今まで通り印刷して送ればいいではないか」

「何のためにそんな投資がいるんだ」

こうした声にベゾスは冷静に**「この新しいテクノロジーには自信があります。どういうものか実際にご覧にいれましょう」**と反論しました。

その言葉通りベゾスは実際につくり、使ってみせることで、その日の終わりにはその人たちが間違っていたことを実証してみせたのです。

できるだけ多くの実験をする

当時ベゾスの上司だったハーベイ・ヒルシュによると、ベゾスは間違ったアイデアや意見を簡単に潰すだけの知性もテクニックも持っていましたが、**決して相手を怒らせるようなやり方はしなかった**といいます。

単なる議論ではなく、ものをつくってみれば何がいいかがすぐに分かります。議論をしている暇があれば、実際にやってみればいいのです。そうすれば何が正しいか、何が間違っているかがすぐに分かるという「まさにプロのやり方」でした。

やがてアマゾンを創業したベゾスは社員に「**できるだけたくさん実験するよ**

うに」と常にはっぱをかけ続けています。実験はいつも成功するわけではありませんが、実験をすることで何が問題かも見えるし、どうすればうまくいくかも見えてきます。

ベゾスが尊敬する発明王トーマス・エジソンが「失敗などしていない。うまくいかないやり方を10000通り見つけただけだ」という名言を残していますが、ベゾスも「ある方法がうまくいかなかったら方針を変更して別のやり方を試す」ことを早い時期に学び、たくさんの実験をすればイノベーションの数も増やすことができると信じています。

あるプロジェクトをスタートさせた時、「そんなことをして大丈夫か？」という懸念がありましたが、いざ完成してみるとそれは「素晴らしいプロジェクトだ」と讃えられるほどの出来になりました。ベゾスはこんな感想を口にしました。

「まずは始めてみる必要があります。最初の小さな丘に登れば、その頂上から次の丘が見えるわけです」

最初の一歩を踏み出すことなしに、あれこれ議論ばかりを重ねたところで何も生まれてきません。

ベゾスは若い頃からものをつくることや実験することが大好きで、つくることと、実験することの効能をとてもよく知っていました。

アイデアは考えることも大切ですが、それ以上に「やってみること」がもっと大切なのです。アマゾンを成長させた「失敗を恐れず、まずやってみる」姿勢を見ていくことにします。

世界は「変えられるもの」と信じる

教育評論家の尾木直樹氏によると、日本の学生は政治事象とか、経済事象を「与えられたもの」「変えられないもの」として捉えている傾向があるといいます。

世界を変えられないものとして捉えるか、世界は変えられると捉えるか。この違いがイノベーションを起こせるかどうかに関わってきます。

あるベンチャーキャピタルによると、今の時代に不足しているのは「お金」ではなく、「すぐれたチーム」だといいます。

もちろん日本とアメリカでは事情が違うわけですが、アメリカの場合、すぐれたアイデアがあり、すぐれた創業者とチームがいれば、資金はかなりいい条件で集めることができます。

問題は「Aチーム」です。ベゾスが「キンドル」の開発を決意した時、アマゾンの社内には反対の声が多くありました。アップルと違って優れたハードウェアをつくった経験もなければ、人材もいませんでした。ハードウェアの開発には時間もかかるし、売るための苦労も並大抵ではありません。

どこかから仕入れて電子書籍リーダーを売るのならお手の物ですが、ベゾスは当時、市場に出ていた電子書籍リーダーもフォーマットも気に入りませんでした。品ぞろえは貧弱だし、価格も高すぎました。ダウンロードの手間もかかるし、読みにくいうえに、何より電子書籍で読むことのできる本の数が圧倒的に少なかったのです。

ベゾスはこうした課題をすべて解決しようと考えました。しかし、そんなベゾスに対してメーカー経験のあるジェフ・ウィルケは「難しい仕事で社内がめちゃくちゃになるだろうとも思いましたし、資源の有効活用という面でもどうだろうと疑問を感じました」と不安でした。また、アップル出身のディエゴ・ピアチェンティーニも過去に過剰在庫に苦しんだ経験から「リスクがとても高い投資だ」と懸念を示していました。

ベゾスはこうした声にこう反論しました。

「必要な人材はこれから雇えばいい。難しい道なのは分かっている。どうすればいいのかはこれから学ぶんだ」

アマゾンが求める人材

ベゾスが望んだのは既存の事業、既存のビジネスに捉われない人間でした。望む人材についてこう話しています。

「自分は世界を変えられると信じている人が欲しい。世界が変わると信じていれば、自分がその一端を担えると信じるのはごく自然なことだ」

ベゾスは創意に富む人間を好む傾向があります。採用面接では「あなたが発明したものについて教えてくれませんか」と尋ねることがありますが、この質問で知りたいのは発明の大きさではなく、**「新しいことにチャレンジする人」**かどうかなのです。

ベゾスの言葉通り、アマゾンはパームやアップルをはじめとするシリコンバレーで活躍する企業から優秀なエンジニアをかき集めてきました。彼らへのベゾスからの指示は「普通じゃないくらい焦点を絞ってすごいものをつくってくれ」でした。

ベゾスの注文は「そんなの無理だ。できるわけがない」というほどのものでしたし、「世の中でまだ誰もうまくできていない」ことでしたが、「世界を変える」ためには絶対に必要なことでした。

あるベストセラー作家が言ったように「椅子に座って、ちらちらする小さな画面で小説を読もうとする人なんて誰もいない」のなら、新しい技術を開発してそうした不満を解消していけばいいと、ベゾスは技術開発に強い自信を示しました。

「もし自分の持つ技術でできる範囲をその限界とするなら、その持っている技術は時代遅れになるだろう。新しい技術の開発に、時間とエネルギーを注ぎ込む意欲があれば、なすべきことができないはずがない」

結果、アマゾンは電子書籍の時代を切り開くことに成功しました。成功の理由についてチームのメンバーの1人は「キンドルが成功できたのは人々の望みを満足させられるものをつくろうと考え、その目標を我々がとことん追求したからだと思います」と話しています。

企業を立ち上げるのは創業者のアイデアであり、ビジョンですが、それを実現するためには熱意あふれるAチームが欠かせません。

アマゾンがサービスを開始して2年が経った頃、ベゾスは「ここまで発展するには、大きな幸運が必要でした」として、これからも才能あふれる社員と、任務を一生懸命に遂行する経営陣が不可欠だと話しています。

「私たちは素晴らしいマネジメントチームと、その下で仕事をする従業員のグループをつくり上げてきました。マイクロソフトのような企業を見ていると、この手法が成功の主な要因になっています。マイクロソフトにはビル・ゲイツだけがいるわけではないんです」

ベゾスが目指していたのはマイクロソフトのような会社でありながら、マイクロソフトほど戦闘的ではない会社です。そのために必要なのが「自分たちは世界を変えている」と信じ、そして無茶苦茶働くことのできる人材だったのです。

「部署間のコミュニケーション」は増やすな

テクノロジー系企業の経営者に共通することの一つが、パワーポイントよりもホワイトボードを好むということです。

アップルがｉＰｏｄの開発を進めていた頃、ある社員がスライドを使ってライバル企業の動向などを説明していると、一分と経たないうちにジョブズが割って入り、こう怒鳴りつけました。

「スライドが必要なのは、自分の話していることが分かっていない証拠だ」

会議ではパワーポイントではなく、ホワイトボードを使い、そして実際に試作品、つまりものを見ながら触りながら話し合い、その場で決めるのがジョブズのやり方でした。

ベゾスも似たところがあります。アマゾンのオフィスにはエレベーターや会議室の壁と、いたるところにホワイトボードが取り付けられており、アイデアが浮かべばどこでも社員同士が話し合えるようになっています。その代わりに会議室にはプレゼンテーションの動画などを映すテレビなどは一切置いていませんでした。

2003年、本社の会議室に入ったベゾスは愕然としました。自分が知らないうちにテレビが設置されていたからです。

会議の参加者が情報を共有し、コミュニケーションをスムーズにするための方法でしたが、ベゾスは激怒しました。

「こんなやり方でまともなコミュニケーションなどできるはずがない」

すぐにテレビははずされました。それだけではなく間違った行為へのみせしめなのでしょう、ベゾスはテレビを取り付けるために使われていた金具をわざと壁に残したといいます。

さらに「コミュニケーションを良くするためにテレビを置く」といった間違った行為や活動を見つけた社員を表彰することにしたばかりか、その賞品としてはずしたテレビを贈ることにしたというからベゾスの徹底ぶりには驚かされます。

そして同じ頃、会議でのパワーポイントの使用も禁止されました。**パワーポイントはおおざっぱであり、自分の考えを徹底的に表明する必要のないものだ**というのがベゾスの考え方でした。代わりに採用されたのが自分の考えを6ページ以内にまとめる「意見書」ですが、その背景にあるのは社員一人ひとりが単に指示されて動くのではなく、何をするにおいても熟考して動いて欲しいというベゾスの考えでした。

チームに「管理者」はいらない

会議でもそうですが、ベゾスは1人の管理職がいて、その人の指示をみんなが黙って拝聴して、指示通りに動くというやり方を嫌っています。グループの考えに黙って従うのではなく、**一人ひとりがアイデアを出し、それを元に仕事を進めていくやり方**を好んでいます。ジャック・ウェルチが言うように「3人の社員がいれば管理職1人のアイデアではなく、3人のアイデアが必要」ということです。

当然、チームは少人数の方が望ましく、**「ピザ二枚でお腹が一杯になる人数」**でプロジェクトを進めるのが最もいいという考え方の持ち主です。そしてそこにいるのは仕事を前に進められる人たちだけです。事実、採用にあたっても管理者は不要で、会社の実績を直接的に高めてくれる人こそが必要だと話しています。ベゾスの考えはこうです。

「自律的な実働部隊はいいが、実働部隊を管理するものはいらない」

そのせいでしょうか、いわゆる大企業に見られる中間管理職や部門間の調整といったことには何の関心も示しません。

ある研修会で部門間の対話を促すためにコミュニケーションを促進すべきだ

という意見が出た時、ベゾスはこう言って猛反対しています。

「コミュニケーションなんてもってのほかだ」

すべてのコミュニケーションが不要だという意味ではありません。ある問題を解決できるのは問題に直面している現場の人間です。それを忘れて部門間の意見調整を行ったり、関係者の利害調整に時間をかけるのは時間のムダであり、もしそうしたことが必要だとすればその企業はコミュニケーション不全に陥っているということです。

本当に組織が有機的につながっており、何が一番大切かをみんなが理解していれば、上司の指示や長時間の会議、部門間の調整など不要になる、というのがベゾスの考えでした。ベゾスはこう言い切っています。

「コミュニケーションは機能不全の印なんだ。部署間のコミュニケーションを増やす方法ではなく、減らす方法を探すべきだ」

グーグルも少人数のチームでプロジェクトを進めていますが、アマゾンやグーグルのようなシステム開発の場合、人が増えるとかえってコミュニケーションに使う時間と費用が増えて能率が低下します。中間管理職が増えれば増えるほどイノベーションが生まれにくくなり、すぐれた製品も生まれにくくなるというのがIT業界の常識です。

コミュニケーションが不要ということではありません。しかし、コミュニケーションは部門間の利害調整や管理職の意思伝達をスムーズにするためではなく、チーム間の意見交換を活発にし、イノベーションが起こりやすくするためにこそ使われるべきなのです。

前者はせっかくのアイデアを潰したり、中途半端なものに変えてしまいますが、後者はアイデアをよりすぐれたものへと昇華させることができるのです。

「最高の人材」以外は、採用するな

1994年に創業したアマゾンが正式にインターネットで本の販売を開始したのは1995年7月のことです。その間、ベゾスは何をしていたのかというと、サービスの開始に向けてさまざまな準備を行っていました。

シェルダン・カファン、ポール・デービス、妻のマッケンジーとともに100万タイトルを超える本のデータベースをつくり、本を販売するためのソフトウェアを組んでいました。そうやってある程度の準備ができた1995年の春から「ベータテスト」という試験的な運用を、知り合いを対象に始めています。

「やっていることを絶対誰にも言わないでください」が参加者への要請でした。ＩＴ業界では自分たちのつくったものをいきなり公開するのではなく、限られた人に参加してもらってベータテストを行います。その方が自分たちでテストする以上に効果的だからです。

結果、ベータテストからたくさんの有益なフィードバックが送られてきて、それらを一つひとつ解消することでベゾスはアマゾンのサイトを完璧なものへと近づけていきました。

そこには「まずつくってみて」、そして「みんなの声を聞いて」、「より良いものに改善し続けていく」というベゾスの姿勢がはっきりと表れていました。

そして「これで不具合はほぼ完璧に解消できた」となって初めて、一般の人を対象に本当の注文を受け始めています。

ベゾスはこうしたサイトの準備に時間をかける一方で、人材の採用にも力を入れました。こだわったのは「最高の人材を採用する」ことでした。当時、アマゾンはまだ何の実績もなく、「人手」も不足していただけに、周りは「ある程度の能力があり仕事もこなせそうなら採用すべき」と考えていましたが、ベゾスは「最高の人材でなければ採用する必要はない」と言い続けました。

求めていたのは**「自らが経営者としてほかの優れた人材を雇えるほど集中力があり、仕事熱心で、頭の切れる人間」**でした。なおかつ、「長時間仕事に打ち込むと、一緒にいて楽しい人間が欲しくなる」、「頭が切れて、何かの道を究めていて、かつ一緒にいて楽しい人間」というとてつもなく高いレベルの採用にこだわっていました。しかも、その基準をどんどん引き上げていきたいとも考えていました。目指したのはこうです。

「今日雇われた人間が5年後には『**あの時採用されて良かったよ。今じゃとても採用してもらえない**』というような状況をつくること」

「うま味」のないアマゾンに、人材が集う理由

ところが、これほどに「最高の人材」にこだわるベゾスですが、「最高の待遇」

を用意しようとはしませんでした。ベゾスは顧客のためには惜しみなくお金を使いますが、顧客サービスと関係ないもの、たとえばオフィス家具などにはお金をかけようとはしません。

こうしたアマゾンの倹約の精神は、社員の給料や福利厚生面にもはっきりと表れています。

シリコンバレーにある多くのＩＴ企業は給料やストックオプション、そして贅沢な福利厚生によって社員を優遇し、少しでも優秀な人材を採用しようとしのぎを削っていますが、こうした企業に比べてアマゾンは給料も安いうえに、食事代などもすべて自腹でした。理由はこうです。

「顧客にとって意味のないお金は使わないようにする。倹約からは、臨機応変、自立、工夫が生まれる。人員や予算規模、固定費が高く評価されることはない」

さらに給料についてはこんなことも言っています。

「たいていの会社に比べると極めて安い現金報酬しか払っていませんし、これといった報奨制度もまったくありません。チームワークにとって弊害となってしまうからです」

それにしてもなぜこんな「うま味」のないアマゾンに人は集まるのでしょうか。ベゾスと働くことは「かなりの緊張感がある」といいます。ときには社員が「狂気」と呼ぶ怒りが発動して、「悪いんだけど、今日、ちゃんとアホ薬を飲んだかどうか教えてくれないか」といったひどい言葉を投げつけられることもあります。

その一方で、素晴らしい仕事をした社員にはベゾスが机の前にやってきてひざまずいて「もったいなき幸せにございます」と使い古したナイキの靴の片方をうやうやしく差し出すといった最高の瞬間が訪れることもあります。

ナイキの**「とにかくやってみよう」にちなんだ賞**であり、これを手にすることはお金以上に社員を「誇らしい気持ち」にさせることになります。ベゾスは一緒に働くには大変な人物ですが、アマゾンで働くことは「人生を変える体験」

でもあります。

元役員のデイブ・コッターが理由をこう解説しています。

「ほかの会社はもっと払ってくれるが、何か大きなことがやってみたかったらアマゾンを目指せ」

豪華なオフィスや贅沢な福利厚生、たっぷりの給料はたしかに魅力ですが、アマゾンにはそれらに勝るほどの魅力があるということです。

ベゾスは徹底した倹約の精神を社内に持ち込み、ほかのどんな企業よりも顧客志向の会社をつくることでアマゾンを成功に導き、そして巨大企業へと育てようと考えていました。

常に「第一日目（デイ1）」の気持ちを持て

アマゾンは2018年、新たな拠点「第2本社」をニューヨーク市と首都ワシントン近郊に置くと発表しましたが、創業以来一貫して本社を置いているのはワシントン州のシアトルです。

マイクロソフトが郊外のレドモント市、ベルビュー市に展開しているのに対し、アマゾンの本社は大都会のど真ん中に位置しています。近くにはビル・ゲイツとともにマイクロソフトを創業したポール・アレンの経営するバルカン社もありました。

現在、アマゾンの本社は合計33棟のビルからなっていますが、そのうちの中核が「DAY1北」と「DAY1南」という2棟の建物です。「DAY1」とは何とも変わった名前ですが、この名前は1997年、株式公開以降、ベゾスが頻繁に口にしてきた言葉に由来しています。

アマゾンの株主たちに宛てた最初の手紙にベゾスはこう書いています。

「今日という日はインターネットが始まった**第一日目（デイ1）**です。私たちには学ばなくてはならないことが山ほどある」

ベゾスがインターネットの爆発的な成長に気づいたのは1994年のことですが、その前年の1993年にイリノイ大学アーバナ・シャンペーン校のグループが「モザイク」というウェブブラウザを開発したのち、同グループ出身のマーク・アンドリーセンが、シリコンバレーでウェブブラウザの会社ネットスケープ社を創業しています。

インターネットが主流になったのは1993年9月から1994年3月のことで、まだインターネットを使って大儲けをした人はいないものの、インターネットを使えば何か面白いことやすごいことができると人々が思い始めたのがこの時期であり、まさに絶好のタイミングでベゾスは「インターネットで何かできないか」を探ることになったと言えます。

それからすぐにベゾスはアマゾンを創業、一気にすさまじいばかりの成長を遂げていますが、ベゾスが「デイ1」を口にしたのは1997年であり、たしかにインターネットが主流になったと言われている1994年からほんの3年しか経っていませんでした。毎朝、興奮とともに目を覚ませ。1998年、ベゾスはこんな言葉を口にしました。

「今分かっているのは2%です。電子商取引についてアマゾン・ドット・コムは他社に負けない知見を有していると思いますが、それでも、10年後に知っているであろうことの2%しか知らないはずです。電子商取引にとって今はライト兄弟が初飛行に成功した時代のようなものであり、面白いものは大半がまだ発明されてもいない段階なのです」

人間は随分とたくさんのことを知り、たくさんのものを生み出しているように見えて案外そうでもないようです。ホンダの創業者・本田宗一郎さんは晩年、ミュンヘンの科学博物館を見学した際、直径3メートルの円盤にわずか5センチ程度、扇形に色が塗られているのを見て驚いています。

円は宇宙に残された未知の分野であり、色を塗られた部分が人類の発見した分野であり、塗られた部分には当然、本田さんの仕事も含まれていました。それを見てこんな感想を口にしました。

「俺のためにこれだけ未知の世界が残されていると思えば、かえってファイトが湧くじゃないか」

人類が発見した分野がそんなにわずかだとしたら、インターネットのように凄まじい勢いで日々発展している分野ならベゾスが常に「第一日目」を強調するのもとてもよく分かります。

アマゾンがすぐれたものを次々と生み出したとしても、周囲はより速いスピードで進化している可能性だってあるのです。

それを忘れて「俺たちは何でも知っている」「インターネット業界の覇者は

自分たちだ」などといい気になった瞬間に凋落《ちょうらく》が始まることになります。変化の速い世界では現状に満足することは退歩と同じです。そうならないためにもベゾスは「デイ1」を強調しているし、本気でそう考えています。

そしてこうした急成長の分野で仕事をすることは、ベゾスにとってとても楽しいことでした。あるインタビューで「CEOとして一番居心地のいいのはどの世界ですか?」と聞かれて、こう答えています。

「絶えず変わりますね。発明は好きです。1995年と比べて、現在のインターネットの世界が変わっていく速度はますます速くなっています。その意味で、何かを発明するのに、**インターネットの世界ほどエキサイティングな場所はない**でしょう。毎朝、興奮とともに目を覚ますことはしょっちゅうですよ」

インターネットの世界はすさまじいスピードで発展し、競争も激しい世界ですが、発展の余地が大きいだけに「エキサイティングでわくわくする」というのがベゾスの考え方です。

今後どこまで発展するか分からないだけに、いつだって「デイ1」の気持ちで臨む。未知の部分が大きければ大きいほど「ファイトが湧く」のが起業家であり、開拓者なのです。

アマゾンの社員にも当然、常に「開拓者」「探検者」であることが求められています。

Column 5

膨張するアマゾン本社

アマゾンは1994年の創業以来、ワシントン州シアトルに本社を置いてきましたが、2018年11月、新たな拠点「第2本社」をニューヨーク市と首都ワシントン近郊に置くと発表しました。

ニューヨークの拠点は、クイーンズ区のロングアイランドシティーに置き、首都ワシントン近郊の拠点は、バージニア州アーリントンのクリスタルシティー、ペンタゴンシティー、そしてポトマックヤードを含む地域に置くことになっています。

アマゾンによると、2019年以降、二つの第2本社で、それぞれ約

２５０００人を雇用し、合計50億ドルを投資することになっています。さらに多額の投資と雇用創出の見返りとして、約20億ドル規模の税制優遇も受けることになっています。

それにしても、なぜここにきて計三つの本社を構えることになったのでしょうか。一つの理由は急成長を続けるアマゾンにとって、シアトルが手狭になったこと、もう一つは**激しさを増す人材獲得競争に勝ち残るため**と言われています。

現在、シアトルにはアマゾンの関係だけで33ものビルがあると言われています。それらの総面積は８１０平方フィートと、東京ドーム16個分に相当するといいます。

ここに働く社員の数もすでに４５０００人ととても多いのですが、今後の成長を考えるとアマゾンとしてはこの数を倍にする必要があり、とてもシアトル本社では吸収できなくなってしまいます。

だからこその第２本社計画でした。アマゾンのビルにはアマゾンらしさが表れていると言われています。「ＤＡＹ１北ビル」の北側にある「ルーファスビル」

というのは、アマゾン社員が最初に連れてきた犬の名前にちなんだビル名であり、その西側にある「ウェインライトビル」というのは、アマゾンのサイトで最初に本を買ってくれたお客さまの名前に由来しています。

「ルーファスビル」が犬に由来する名前であるように、アマゾンは犬を連れて出勤することを許可する珍しい企業です。

実際、「週刊東洋経済」の記事によると、4000頭もの犬が日々アマゾンでは出社をしています。受付には犬に与える餌が常備され、屋外には犬が水を飲むための容器や、フンを処理する袋なども用意されているという「犬に優しい」企業なのです。

そしてビルの中には「植物に囲まれて働くと生産性が上がる」という調査結果を基にたくさんの植物が置かれ、レストランや喫茶店、バーなどはパブリックスペースであると同時にアマゾン社員は仕事用にも使うことができます。

食事をすることはもちろん、1人で仕事をすることも、みんなでミーティングすることもできる、「働く場所を自分で選ぶ」オープンな仕事スタイルが定着しています。

イノベーション企業にとって、今や「社員が働き方も働く場所も自由に選ぶ」のは常識になっています。企業は「このオフィス、この机で、何時から何時まで働いて」と働き方や働く場所を押し付けるのではなく、**複数の働き方と働く場所を用意して、社員はやるべき仕事や気分に応じて「どこで働くか」を自由に決める**ことができるようになりつつあります。

さらにシアトルには無人コンビニの「アマゾン・ゴー」や、リアル書店の「アマゾン・ブックス」もあるなど、アマゾン社員にとってはかなり快適な本社と言うことができますが、それでも急成長に見合うだけのすぐれた人材を採用するためにはシアトル本社だけでは限界があるというのも事実です。

「ウォール・ストリート・ジャーナル」によると、アメリカの失業率は歴史的低水準にあり、労働者の獲得競争は激しさを増しています。

しかも、アマゾンが求めるソフトウェアエンジニアやプログラマー、ＡＩの専門家を必要とするのはＩＴ業界だけではありません。自動車業界や金融業界、小売業界などあらゆる業界がこうした人々を必要としているだけに、巨人アマゾンと言えども、アメリカの西海岸だけでなく、東海岸へも目を向けて働く場所も用意することが不可欠だというのです。

また、直接のライバルと言えるグーグルなども社員を大幅に増やすことを計画しており、すぐれた人材を巡る獲得競争は一段と激しさを増すことになります。こうした事情もあり、アマゾンはシアトルの本社のほかに、二つの本社を新たに設けることになったわけですが、それらを合わせて現在の本社社員を倍増させるという計画には驚きです。

もちろんすぐに倍になるということではなく、ある程度の時間をかけてということですが、この計画一つとってもベゾスの「アマゾン膨張計画」に限界がないことがよく分かります。

はたしてベゾスはアマゾンをどこまで成長させていくつもりなのでしょうか。少なくとも今よりもはるかに巨大なものを見据えているのはたしかなようです。

第六章

逆境を力に変える

「21ケ月連続の株価下落」を、どう乗り越えたか

1994年に起業、95年7月にサービスを開始したアマゾンは97年5月に株式を公開しています。それから21年後の2018年には時価総額が1兆ドルを突破と、まさに急成長を遂げています。

そして今やベゾスは世界一のお金持ちとなっているわけですから、まさにアマゾンもベゾスも順風満帆で来たように見えますが、実際には「アマゾンは終わった」と言われるほどの厳しい時期を経験しています。

ベゾスは1999年、「タイム」が選ぶ「パーソン・オブ・ザ・イヤー」に選出されています。当時、ベゾスは35歳ですが、これほどの若さで選ばれたの

は、大西洋単独無着陸横断飛行を成し遂げたチャールズ・リンドバーグ（25歳）、エリザベス女王二世（26歳）、マーティン・ルーサー・キング牧師（34歳）の3名だけであり、まさに「インターネットビジネスの王様」と呼ばれるにふさわしい存在でした。

こうした輝かしい経歴に大きな影が差したのは2000年のITバブル崩壊の時です。1990年代半ばからインターネットは急速に発達、次々と新しい会社も誕生しました。アマゾンもその1社ですが、そのほとんどは会社の実態よりも成長への期待が先行する形で、そこにけたはずれの額の資金が投資されました。

やがてこうした企業のほとんどが十分な利益を上げられないものだと分かったことで株価が急速に下落、ITバブルが一気にはじけることになりました。まさに多くの企業が「泡」のような存在だと分かり、「泡」と消えたということです。そのあおりを受けてアマゾンの株価も急落、インターネット業界の「寵児《ちょうじ》」はまばたく間に業界の「スケープゴート」になってしまいました。アマゾンにとって苦難の時代であり、ベゾスが経営者としての資質を試された時代です。

当時を振り返ってベゾスはこう話しています。

「1999年を思い返してみても、当時のバブルの熱気を思い出すのは困難です。テクノロジーやインターネットに本当は情熱を持っていなかった人たちも、お金目当てで医者のキャリアを捨てて入ってきたりしていました。そしてバブルがはじけると、有能な人も去って行きました。それが本当にやりたいことではなかったことに気づいたのです。解雇された人もいましたし、自ら辞めていった人もいます。憂鬱な日々でしたね。自分が大事にしていた貴重な人材が去って行ったわけですから」

企業経営には「たっぷりの情熱」が欠かせないというのはスティーブ・ジョブズの言葉です。企業経営というのはいいこと、楽しいことばかりではありません。うまくいかないことも多いし、人を辞めさせなければならないこともあります。そんな時、自分のアイデアを広めたいというたっぷりの情熱があれば我慢もできますが、お金儲けだけが目当てでさしたるビジョンも情熱もなければ、辛さに耐えかねて途中でいやになり、ベゾスが言うように「去って行く」ことになるのです。

ベゾスが今日、経営者として評価されているのはバブルの崩壊によって21か月にわたって株価が下落するというすさまじい凋落の時期を乗り切っただけでなく、その後、キンドルなどによって新たな革命を起こすことに成功したからです。**逆境を経てアマゾンはより強く、より大きく成長した**ところにベゾスのすごさがあります。

この時期、ベゾスは「速く大きくなる」ことから、「社内をまともにする」こと、「規律、効率、ムダの排除」をスローガンに社内を立て直し、額はともかくアマゾンは利益の出せる会社だということを証明してみせました。

結果として「アマゾンの時代は終わる」という予言を見事に覆したわけですが、そんなベゾスを「フォーブス」はこう言って讃《たた》えました。

「強烈なプレッシャーに直面してもユーモアのセンスを忘れない正真正銘のナ

イスガイ」

苦難の時代も栄光の時代も知るベゾスはこう話しています。

「光があたるところは常にあるんです。けれども光に溺れてしまってはいけません。なぜなら、それは長続きしないからです。望むべきはもっと深いところで安定した何かです。お客さんにサービスをちゃんと評価してもらうことですとか。**苦しい時期をくぐり抜けてきたことのない企業は多くありますが、彼らはそういう意味では、まだ試されていないのです**」

アメリカでも日本でも「〇〇の寵児」と称される企業がしばしば登場します。しかし、そのまま本物の企業へと成長するところは案外と少ないものです。企業に限らず、個人でも光のあたる場所にいるからと光に溺れてはいけません。光に溺れることなく自分を磨き続けることができれば、やがて来る苦難も乗り越えることができるし、やがて本物とみんなが認めてくれる存在となることができるのです。

「ワークライフバランス」なんて嘘っぱち

「ワークライフバランス」という言葉があります。仕事ももちろん大切ですが、すべてを犠牲にして「仕事命」になるのではなく、仕事と家庭、そして地域社会との関係も大切にする調和のある生き方をしようという考え方です。

こうした考え方を無視して「長時間残業や休日出勤当たり前」の働き方を強要すると、「ブラック企業」という汚名を着せられることがあります。

その意味では「世界を変える」「歴史をつくる」ためにはハードワークは当たり前というアメリカのIT企業も、ある意味「ブラック企業」と言うことができますが、なかでもアマゾンに対する批判はかなり厳しいものがあります。

2014年、労働組合の国際組織である国際労働組合総連合(ITUC)によってジェフ・ベゾスは**「世界最悪の経営者」**と名指しされています。ITUCがベルリンで開かれた世界大会に合わせてインターネットでアンケートを実施、ベゾスは「メディア王」にして超ワンマンでもあるルパート・マードックらを抑えて全体の4分の1近い票を集めたというのだから、その悪評はかなりのものです。

理由は物流倉庫での過酷な労働にありました。ITUCはアマゾンの物流倉庫で働く社員が勤務中に歩く距離は1日当たり24キロにも達するとして、バロー書記長は「アマゾンは従業員をロボットのように扱っている。ベゾス氏は雇用者の残虐性の象徴だ」と厳しく批判しました。

ほかにも2015年、「ニューヨークタイムズ」はアマゾンを「戦闘が頻発する熾烈《しれつ》な職場」と形容する記事を掲載しています。

そこで、ベゾスは「社員を過酷な労働時間と無慈悲な労務管理で苦しめながら、データをこよなく愛して自分だけ高笑いしている皇帝」とまで書かれていますが、もちろんアマゾンは広報担当者を通じてこの記事を否定する声明を出しています。

なぜこれほどに「アマゾン＝厳しい職場」というイメージが蔓延《まんえん》しているのでしょうか。

そこにはベゾスの考え方が影響しているようです。アマゾンが定期的に開く全社集会では、忙しすぎること、変化スピードが速すぎることへの不満が噴出しました。

ある女性社員が「いつになったらワークライフバランスに配慮するようになるのか」と質問したところ、ベゾスはこんな手厳しい言葉を口にしました。

「我々がここにいるのは成果をあげるためだ。最優先事項はそれだ。それが**アマゾンのDNA**だと言ってもいい。自分の全力を投入してすばらしい成果をあげるのは無理だというのなら、君は職場を選び間違えたのかもしれないね」

「ジェフは、ワークライフバランスなど嘘っぱちだと思っていました」がベゾスをよく知る社員の分析です。社員に求めるのはあくまでも一生懸命に働くこと。人は何のために働くのかというと、それは「成果を上げる」ためであり、そのためには「全力を投入する」ほかはないというのがアメリカ的な考え方です。

賢明かつ、猛烈に、長時間働け

ベゾスの考える成功する会社のつくり方は二つあります。一つは高いマージンを消費者に納得してもらうことであり、もう一つは低いマージンで提供できるものをつくるというものですが、いずれも**「とにかく働いて働いて」**という前提条件がついています。

そのせいでしょうか、ベゾスは社員に対して「賢明かつ猛烈に長時間働く」という言葉を口癖のように繰り返すといいます。但し、言い方は少しずつ変わり、かつては「長い時間働くことも猛烈に働くことも、賢明に働くこともできるが、アマゾン・ドット・コムでは、この三つから二つを選ばなければならない」でしたが、やがてこう変わりました。

「長い時間働くこともできるし、猛烈に働くこともできる。賢明に働くこともできる。ただしアマゾンでは、この三つから二つを選ぶことはできない」

つまり、かつては「三つのうち二つを選ぶ」という選択の自由があったのに、今日では「賢明かつ猛烈に長時間働く」しかアマゾンで生きる道はないということです。

結果、時に「熾烈な職場」という批判も浴びることになりますが、それでもベゾス自身にアマゾンの成長を緩める気はまるでありません。こう話しています。

「こうしてどんどん進んでいくと、新たにやるべきことが次から次へと出てきます」

やりたいこと、やるべきことは山とあり、休んでなどいられないということでしょうか。さらにこうも言っています。

「社員たちに、毎朝恐れを抱いて目覚めるように言っています。すべてを失う可能性があるんです。それは恐怖ではなく、事実なんです」

巨大であることは安泰を意味しません。もっとすぐれたものが出てくれば一夜にしてすべてがひっくり返るのがインターネットの世界です。

だからこそベゾスは社員に対して「我々がここにいるのは成果を上げるため」と声を上げ続けています。

アマゾンにとって「成長」や「変革」を犠牲にした「働き方改革」など無縁な存在なのです。

「労働環境の悪さ」への批判

ベゾスの特徴の一つに、「世の中からの猛烈な批判をものともしない強さ」がありますが、その一方で、世の中をより良く変えていくための先頭に立とうという姿勢も時に見せます。

こうした姿勢は悪評高い節税対策や、ベゾス得意の特許戦術などでも発揮されています。また、2018年10月、「低賃金で過酷な労働を強いられている」と批判されてきたアマゾンのアメリカ国内の従業員の最低賃金を11月から時給15ドルに引き上げるという発表をしたケースでも大いに発揮されています。

この恩恵を受けるのは従業員25万人と、短期雇用者10万人と言われていますが、15ドルという時給はアメリカの法定最低賃金7・25ドルの倍、コストコの14ドルをも上回る大きな引き上げとなっています。

これまでアマゾンの労働環境の悪さと賃金の低さは、しばしば批判の的になってきました。その筆頭が、アメリカ大統領選挙の民主党候補の座をヒラリー・クリントンと争い、全米に一大ブームを巻き起こしたバーニー・サンダース上院議員です。2018年9月、サンダースは**「Stop BEZOS Act」**という名称の法案を上院に提出しました。

「Stop BEZOS」というのは、「Stop Bad Employers by Zeroing Out Subsidies＝補助金停止で悪徳雇用主を止めよう」の略ですが、「BEZOS」と言えば、多くのアメリカ人が「ジェフ・ベゾス」を連想するだけにベゾスとしても心穏やかではいられません。法案の趣旨はこうです。

「低賃金で働く従業員を抱える雇用主に対して、自社の従業員がフードスタンプなどの社会保障制度を利用した場合、それと同額を企業側に課税しよう」

つまり、きちんと企業で働いているにもかかわらず、受け取る賃金が安くフードスタンプなどを利用しないと生活できないのはおかしいじゃないか、そんな企業には責任を取らせなければならないというのがこの法案の趣旨なのです。

こうした社会的批判も影響したのでしょう、ベゾスは「賃金の大幅な引き上げ」を早々に打ち出しています。

ベゾスの動きに対し、サンダース氏は「評価すべきものは評価したい。ベゾス氏はまさに正しいことをやった。これは賞賛に値する決定だ」と歓迎のコメントを発表、ベゾスも「ありがとう」と謝意を表しています。

なぜベゾスはこれまでどれほど批判されても変えようとしなかった待遇を大幅に改善したのでしょうか。

賃金を引き上げる発表文でこんなことを言っています。

「批判に耳を傾け、どうしたいか真剣に考えた。そして、われわれは先頭に立とうと決めた。この変更に興奮しており、競合他社や大手企業にも追随を促す」

まるで厳しい状況にある労働者を苦境から救い出す先頭にアマゾンが立つといった言い方ですが、事実、ベゾスは現在7・25ドルの法定最低賃金を引き上げるべくロビー活動を展開すると表明しています。

まさに「世界一の大金持ち」であり、全米で54万人（２０１７年9月末）という ウォルマートに次いで2番目に多い従業員を抱える雇用主にふさわしい振る舞いと言うことができますが、ベゾスが急に「宗旨替え」をしたのには理由があるとも言われています。

ベゾスはアマゾンを創業して間もない頃から「顧客がアマゾン・ドット・コムのことを知る数少ない接点は、ウェブサイトと郵送で受け取る本だけであり、倉庫がなければ会社は存続しない」というほど物流を重視しています。

しかも今以上の「速さ」も追求していますから、そうなれば倉庫での勤務状況はさらに過酷になりかねません。それを見越してかベゾスは２０１２年にロボットメーカーのキバ・システムズを7・7億ドルで買収、倉庫を人間ではなくロボットが走り回って商品を回収する仕組みを構築しようとしています。ロボットが商品を探し、無人輸送機ドローンで空から商品を届ける。そんな未来をベゾスは思い描いているのかもしれません。

しかし、合理化だけで問題がすべて片付くわけではありません。アメリカでは好景気による人手不足に加え、アマゾンの労働条件への悪評から倉庫を中心に人の確保が困難になりつつありました。

SNS上にはたくさんの悪評やどこまで本当か分からない最悪エピソードが流れていただけに、ベゾスとしても**イメージを大きく変え、みんなが「働きたい」と思う会社へと変える必要があった**のです。

さらに賃金を上げることはアマゾンにとってもメリットがあります。かつてフォードの創業者ヘンリー・フォードが大量生産によってT型フォードの価格を下げる一方で、社員の賃金を上げて車を買える環境をつくろうとしたように、アマゾンで働く人たちの賃金が上がれば、それだけアマゾンの利用者も増えるということです。

アマゾンやベゾスには成長への賛辞の一方で、いつもたくさんの批判が寄せられます。ベゾスにとってこうした批判にどう応えていくかも、アマゾンをさらに成長させていくうえでは欠かせない課題なのです。

制度の欠陥は、したたかに利用しろ

法律というのはとかく世の中の後追いになる傾向があり、世の中で起きているすべてを迅速にカバーできるわけではありません。

結果、世の中にある制度には欠陥や抜け道がどうしても存在しがちです。そしてそんな「制度の抜け穴」や「制度の不備」を巧みに利用することで業績を伸ばし、多くの利益を手にする人や企業も現れます。

常識的には「制度の不備を利用してうまい汁を吸う輩」と映るわけですが、かといって違法行為をしているわけではないところが何とも厄介です。

その意味ではアマゾンも税金や特許といった問題で世の中の非難を浴びるこ

とがたびたびです。

たとえば、アマゾンの成功に大きく貢献したシステムに「ワンクリック」がありました。開発のきっかけは1997年、シェル・カファンとペリ・ハートマンと食事をしている席でベゾスが口にした「できる限り簡単に買い物ができるようにしたい」のひと言です。

買い物に費やす手間や時間はできるだけ簡単で短い方がよく、簡単な操作で欲しいものが買えるなら人はそれだけたくさん買い物をするようになります。顧客の利便性を高めることはそのまま売上げの増加につながるというのがベゾスの考え方でした。

そこから生まれたのが「ワンクリック」です。アマゾンは顧客の名前、住所、請求先、届け先、クレジットカード情報といった買い物に必要な情報を安全な方法で記録します。顧客は一度情報を登録してしまえば、その後の買い物では同じ手続きをしなくとも、一回のクリックで買い物ができるというシステムです。

これは今でこそ当たり前になっていますが、当時としてはとても便利なシステムでした。ベゾスのすごさはこの**「とても便利なワンクリックというシステム」で特許を取得したこと**です。

特許というのはうまく使えば同業他社との差別化につながり、新規参入者にとっての高い参入障壁となります。アマゾンは「通信ネットワーク経由で購入注文を実現する方法とシステム」と題する特許申請書を提出、1999年秋に承認されています。

「ワンクリック」という名前も商標登録されたため、「ワンクリック」によってアマゾンの買い物がとても便利になる一方で、同業他社は「ワンクリック」という名前もシステムも使うことができなくなってしまいました。

特許はなくすべきか、極端に短縮すべき

最も大きな影響を受けたのがバーンズ&ノーブルが始めたインターネットを

通じて本の販売を行なうバーンズ&ノーブル・ドット・コムです。1999年10月、アマゾンは同社の「エクスプレスレーン」がアマゾンの特許を侵害しているとして告訴、同年12月にシアトル連邦地方裁判所で「使用中止」の仮処分が下されています。

これによって同社はアマゾン並みの「簡単な買い物」を実現できなくなってしまいました。同社にとって手痛い敗北ですが、同社はそもそも「ワンクリック」という特許を国が認めたことに不満を持っていました。

「広く利用されている技術の所有権をアマゾンに主張させるわけにはいかない」し、もしそれを認めてしまったら「ウェブサイトを運用する者すべてを支配する力をアマゾンに認めることになる」というのが同社の主張でした。

こうした声に対して、ベゾスは2000年3月、こんなコメントを出しています。

「多くの思慮深い人々からの特許を一方的に破棄しなさいという要求にもかかわらず、私はそうすることが正しいとは信じておりません。競争上の多くの利点は、特許から来るのではなく、サービス、価格、選択などのバーを上げることから、あるいはバーを上げ続けることから来るのだというのが私の信念です」

こう主張してベゾスはその後もさまざまな特許を取得することで競争優位性を高めていますが、その一方でこんな言葉も口にするようになりました。

「ソフトウェアのパテント（特許）は、なくすべきか、あるいは極端に短縮されるべきというのが、長きにわたる私の見解です。

それがソフトウェア業界にどれだけの損得を与えてきたかを算出するのは不可能ですが、収支としては損でしょう。それ（「ワンクリック」の特権的な使用ができなくなること）がソフトウェアのパテントを劇的に減らすための対価であるなら、むしろ歓迎すべきことです」

当時、ベゾスは「特許を放棄するつもりはない」と言う一方で、現行の17年よりずっと短くして3年から5年にしたらどうかと提案していました。短くしても変化のスピードが速いソフトウェア業界なら特許権者にもメリットがあるはずというのがベゾスの主張でしたが、現実性が薄く、「単なる問題のすりかえ」という批判もありました。

ベゾスは税法同様に、特許制度にも改革が必要だと長年にわたって主張していますが、かといって、「良心に従って」特許を放棄するつもりはありませんでした。制度に問題があるのなら制度や法律を変える必要があります。

但し、もし変わらないとすれば、制度と法律のメリットを最大限に利用します。ベゾスは自らへの非難に対して、「変えなければならない」と声高に主張するものの、そのメリットを放棄するつもりはまるでなかったし、制度がある限りはとことん利用するというしたたかさを持っていました。

Column 6

世界一のお金持ち

2018年10月、アメリカの経済誌「フォーブス」が発表した国内の長者番付によると、ベゾスは資産総額1600億ドルで1位になっています。長者番付の1位というと、マイクロソフトの創業者ビル・ゲイツが24年の長きにわたって首位を維持していました。そしてそれに次ぐのがウォーレン・バフェットというのが定番でしたが、ベゾスは970億ドルのビル・ゲイツに大きく差をつけて圧倒的な1位となっています。

ベゾスは同じく「フォーブス」が3月に発表した世界長者番付でも1位になっていますから、これで事実上の世界一のお金持ちになったことになります。もっとも、ベゾスの場合はアマゾンの株価の動きに大きく左右されるだけに、2017年のように一旦は世界一になったものの、アマゾン株の下落によってビル・ゲイツにその座を譲るということもないわけではありません。

とはいえ、ベゾスが「世界一の大富豪」を喜んでいるかというと疑問もあります。ベゾスはトランプ大統領との舌戦など注目を浴びることも多いうえに、アマゾンにまつわる「独禁法の問題」「税金逃れという批判」を考えると、「世界一の大富豪」という呼称はありがたいどころか、**完全なありがた迷惑**というところではないでしょうか。実際、アマゾンの創業時を振り返ってもこれほどの成功どころか、失敗さえも覚悟していたというのが本当のところです。

お金を投資してもらうとか、お金を貸してもらう時、普通の人なら「絶対に成功してお返しします」と言うはずですが、「お金を失ってもよいという覚悟がないのなら投資すべきではない」と言っていたのが創業期のベゾスです。

今日のアマゾンの成功を見れば、会社を辞めて起業するというベゾスの選択は正しかったと言えますが、それはあくまでも結果論であり、当時の状況からすればその選択はとてもリスクの高いものでした。

1990年代、シリコンバレーではインターネット関連の企業がいくつも誕生していますが、そうした企業の寿命はせいぜい2年から5年と言われ、その寿命をまっとうできるのは「20社に1社」と言われていました。多くは創業から数ケ月で潰れてしまうというほど新興企業の成功は難しいものでした。

アマゾンの創業に集まったシェル・カファンたちプログラマーやエンジニアの目から見ても、スタート時点のアマゾンは「ゼロからの出発」でした。

ベゾスの「インターネットの本屋を始めるつもりです」という言葉は書店を営む人にとっても「はいはい、コンピュータオタクさん、ご勝手に」という冷ややかな反応しか得られないものでした。

それはベゾス自身も同様でした。ベゾスはインターネットの将来性を信じていましたが、「初めからうまくいくなんて期待はしていませんでした」と話しているように、成功するにしても時間はかかると考えていました。

そのためアマゾンの運営費として最初に自分の貯金を投じ、次に両親からの援助を受けていますが、その際、両親にはお金を失ってもよいという覚悟がなければ自分に投資すべきではないとはっきり話しています。こう言いました。

「お金を失う確率は70%、余裕がなければ投資はやめたほうがいい」

ベゾスはインターネットビジネスが成功する確率は10%であり、アマゾンが成功する確率は30%と見込んでいました。つまり、成功する可能性よりも失敗する可能性の方が高いと見ていたわけですが、この覚悟こそが大切だったとベゾスは話しています。

「失敗を覚悟すると、心は軽くなるのです」

失敗を覚悟してこそリスクの高い挑戦をすることができるというのがベゾスの考え方でした。とはいえ、起業には資金が必要です。ベゾスはエリート社員としてそれなりの資金は手にしていましたが、アマゾンを成功に導くためにはたくさんのお金が必要でした。そのお金を最初に出してくれたのは両親や友人たちです。彼らにベゾスは「投資したお金が戻ることはないですよ」と正直に話しています。

それでもお金を出してくれるということは、それだけみんながベゾスを信頼していたからにほかなりません。「私たちはアマゾンではなく、ジェフに投資した」と、両親は老後の資金として蓄えていた30万ドルを快く提供しました。

1997年、アマゾンは事業開始からわずか2年で株式を公開、「戻ることはない」と言われた投資は両親や友人たちに莫大な富（1万ドルを投資していれば1億8400万ドルになった）をもたらすことになりました。

企業を成功に導くためには優れたアイデアと同時に資金も重要です。

1998年、ベゾスはレイク・フォレスト大学での講演でこう言っています。

「知人や身内から資金を集める時には、（お金が戻らないかもという）最悪の事態を伝えておくのが賢明です。たとえ事業に失敗しても、感謝祭の食事には同席できますから」

「お金目的で起業して成功した人は見たことがない」はスティーブ・ジョブズの言葉ですが、「失敗を覚悟したうえでの大胆な挑戦」こそがベゾスを「世界一の大富豪」へと導いたのです。

第七章

「ジェフ・ベゾスとは、どういう人か」

目指すは「世界最大」

新しく会社を始める時、問題になるのはどんな社名をつけるかです。あまり難しい名前にすると「覚えにくい」「分かりにくい」と言われるし、やっている事業とあまりにかけ離れるとそれはそれで困ることになります。

できれば簡単に覚えられて、事業もイメージできて、なおかつ創業者の思いが詰まった社名がいいと、ベゾスも社名には頭を悩ませています。

ベゾスの会社「アマゾン」は今や世界で知らない人はほとんどいないのではと言えるほど有名ですが、スタートアップの時の社名は「アマゾン」ではなく「カダブラ」という何とも言いにくい名前でした。

「カダブラ」というのは魔法の呪文「アブラカダブラ」からとったものですが、ベゾスが知り合いの弁護士に会社の登録手続きを依頼する際、弁護士に「カダバー(死体)ですか?」と聞き返されて「失敗したかもしれない」と思ったほどですから、決して「覚えやすい名前」とは言えませんでした。

さらにもう一つ「リレントレス」も候補に挙がっていましたが、こちらは「容赦なし」という意味で、しばしば「アマゾンの容赦ないやり方」を暗示していたと評されることもあります。

最初の会社は「カダブラ」という名前で1994年7月に登記されています。そして7ケ月後の1995年2月9日、「アマゾン・ドット・コム」という今も使われている名前に変更しています。理由をベゾスはこう話しています。「オンラインの場合、スペルが分からなければ目的の場所に行けません。これはとても大事な点なのですが、世の中ではあまり気にされていません」

「アマゾン」は世界最大の川であり、みんながその名前もスペルも知っています。「世界最大の本屋」をつくりたいというベゾスにとって「アマゾン」という名前が持つ巨大さは何とも魅力的なものでしたし、当時最も人気があった検索エンジン「ヤフー」ではアルファベット順に検索結果が表示されることを考えると「A」から始まる「アマゾン」は望み通りの社名でした。

当時のベゾスの様子をポール・バートン・デービスはこう話しています。

「ジェフは、二位の川より十倍も大きい川があると知って、本当に興奮していました。**ただ大きいだけじゃなく、のちに続く競合相手よりも数段大きいわけですから**」

「ドット・コム」とつけたのはインターネットを使ってビジネスを展開する新しいタイプの企業であることを印象づけるためでした。

今でこそ「ドット・コム」はよく知られた言葉ですが、当時は「ドット・コム」をあえて社名につけた企業はなかっただけに、「アマゾン・ドット・コム」としたところにベゾスの先見性や覚悟が表れています。

起業の翌年1995年7月16日、アマゾン・ドット・コムのサービスが正式にスタートしますが、そこにはベゾスが「アマゾン」という社名に込めた願いどおり「地球最大の書店」というキャッチフレーズが書かれていました。

当時、最も巨大な書店でさえ在庫として店にあるのは17万タイトルでしたが、アマゾンは「100万タイトルの中からお目当ての書籍をお探しください」とその巨大さをアピールしていました。

当時、ベゾスがどれほどの成長を胸に秘めていたかは分かりません。「世界最大」はあくまでも願望でしたが、実際に動かしていくうちに「名前」に負けないほど「巨大」なものとなっていきました。

サービス開始から三日後、ヤフーの担当者からアマゾンのウェブサイトが魅力的なので、自社の「What's cool」で紹介したいという連絡が入りました。当時、このリストは最もアクセス数の多いウェブページであり、そこで紹介されるということはアクセス数の急増を意味していました。

ヤフーは「対応する準備がまだできていないのなら、できるまで何ヶ月でも待ちますよ」と忠告してくれましたが、ベゾスは「やってみよう」と決めています。準備にはたっぷりの時間をかけましたが、スタートしてからは目の前に訪れた幸運を迅速につかんでいます。

効果は絶大でした。サービス開始から一ヶ月で、アマゾンの発送先は世界45か国とアメリカ全50州にまで広がっていました。ベゾスは当時をこう振り返っています。

「自分が望んだものよりもはるかに巨大なものを掘り当てたことは明らかだった」

オープンしてすぐに「これは途方もなく巨大なものになる」と確信したベゾスは社名通り「世界最大」を目指してアマゾンを運営するようになっています。**「今の私たちは過去に私たちが選択した結果なのです」**はベゾスの言葉ですが、社名に「アマゾン」を選択したことが今日の膨張し続けるアマゾンにつながったとも言えます。

そしてアマゾンの成長とともにベゾスの夢も大きく広がり、その夢を次々と実現させていますが、本章ではその夢を見ていくことにします。

幼少期のベゾスは、どんな子どもだったのか

ベゾスは1964年1月12日、ニューメキシコ州アルバカーキでジェフリー・プレストン・ヨルゲンセンとして生まれています。

母ジャッキー・ガイスはまだ17歳の高校生でしたが、テッド・ヨルゲンセンとはベゾスの誕生後すぐに別れ、その後、ミゲル・マイク・ベゾスと1968年に結婚、ベゾスは正式にマイクの養子となっています。

ベゾスは10歳になって養子であることを両親から聞かされていますが、特に悩むこともなかったし、周りに知られて困るとも思っていませんでした。

実の父親の記憶が何もないベゾスにとって「マイク・ベゾスが実の父親」が

唯一の事実です。

キューバ出身の父マイクはエクソンの技術者でした。カストロ政権の恐怖から逃れるために、多くのキューバ人が子どもをアメリカに移住させていますが、ベゾスの父マイクもその1人であり、15歳の時に英語も話せないままにほんのわずかの荷物だけを持ってアメリカに渡ったのち、英語をマスターして、ニューメキシコ州のアルバカーキ大学工学部を経てエクソンに入社しています。

エンジニアである父親の影響もあったのでしょう、ベゾスは幼い頃から探究心が強く、意思の強い子どもでした。3歳の頃、ベビーベッドではなく普通のベッドで寝たいと考えたベゾスは、ドライバーを使ってベビーベッドの柵をはずし、普通のベッドにつくり変えようとしました。

それを見た母親は、ここまでできるなら本物のベッドでも大丈夫だと考え、ベゾスの言うように本物のベッドに替えてくれています。ほかにも幼い頃のベゾス伝説は数多くあります。

公園の足こぎボートに乗せたところ、ほかの子どもが母親を見て手を振っているのに対し、ベゾスだけはケーブルやプーリーがどう動いているのかを熱心に観察していたし、幼稚園時代には何かを始めると夢中になるため、次の課題をやらせるためには、椅子ごとベゾスを移動させるほかはなかったといいます。早熟で意志が強く、集中力のある子どもでした。

やがてベゾスは電子機器に夢中になり、ラジオシャックで買ってきたキットを使ってたくさんのものをつくるようになりましたが、その量は「電子部品を扱うラジオシャックを我が家だけで何軒も支えていたんじゃないかと思います」と母親が話すほどすさまじいものでした。

ベゾスはガレージにこもって、ヒースキットのラジオをつくったり、実験装置や警報器をつくるだけでなく、生まれて初めてコンピュータに触れたり、年間何十冊もの本を読んだりという小学校生活を送りますが、こうした生活を通して自分で一からものをつくる力を身に付けていくことになりました。憧れていたのは発明王トーマス・エジソンとウォルト・ディズニーでした。エジソンとディズニーの違いをこう話しています。

「エジソンが発明したものの多くは違いますが、ウォルト・ディズニーには、ひとりでは実現できないほど大きなビジョンがありました。あれほど多くの人をチームにまとめ、ひとつの方向に向かわせられたのはすごいと思います」

ベゾスが特に感心していたのは、ディズニー映画というよりは、ディズニーランドをつくり上げたウォルト・ディズニーの「強烈なビジョン」です。自分が何をつくりたいのかをちゃんと知り、そのために必要な優秀な人材をまとめ上げ、銀行から四億ドルの融資を引き出して、誰も成功するとは思わなかったディズニーランドを完成させた起業家としてのディズニーを心の底から尊敬していました。

「ディズニーが抱いていた強烈なビジョンにはいつも驚かされてばかりいます」がベゾスの率直な感想です。

小学校の頃、インフィニティ・キューブという電動の万華鏡のようなものを、材料となる鏡やモーターを安く買ってきて自分でつくり上げています。高すぎて母親に買ってもらえなかったからですが、こんな言葉を口にしました。

「この世界って、教えてもらってスイッチさえ入れればいいって感じだよね。でも、考える力を持たなきゃ。自分のことは自分で、ね」

やがて高校3年になったベゾスは夏休みに小学校5年生を対象とした2週間のサマースクールを開催、1人150ドルで核融合やブラックホール、スペースコロニーなどについて教えていますが、その際、ベゾスが重視したのは「単に教えるのではなく、その応用を求める」ことでした。

与えられた機械を上手に使うだけでなく、新しい機械を自分でつくり上げることが大好きなベゾスは高校を卒業生総代で卒業するほどの優秀な生徒でしたが、単なる優等生というよりは発明や発見に興味を持つ、自分で何かをつくり上げるのが得意な生徒でした。

アマゾンには原動力となる三つの考え方があります。「常に顧客中心に考える」、「発明を続ける」、「長期的な視野で考える」の三つですが、ベゾスの発明好き、実験好きには幼い日の体験や憧れが強く影響しています。

ベゾスをつくった「祖父の教え」

ベゾスの母方の祖父ローレンス・プレストン・ガイスはベゾスにとって最初のロールモデルです。

祖父はアメリカの国防総省の研究機関、国防高等研究計画局（DARPA）で宇宙工学とミサイル防衛システムの仕事を経験した後、引退して、テキサス州コチュラにある先祖代々続く牧場レイジーGの牧場主になっています。

ベゾスは幼い頃から宇宙への興味を持っていますが、その興味をかき立てたものの一つが、祖父が話してくれたロケットやミサイルの話です。

牧場はお店や病院まで160キロもあるという、まさに人里離れた場所にありましたが、ベゾスはこの牧場で4歳から16歳までの夏を過ごしています。ベゾスにとってそこは「第二の我が家」であり、生きていくうえで大切なことを学んだ場所でもありました。

ベゾスは単に遊びに来たわけではなく、牛舎の掃除や牛の焼き印、飼育といった牧場の人間としてやらなければならない作業のすべてを経験しています。

それだけでなく水道の配管工事やブルドーザーの修理まで体験しています。それは「できないことはほとんどない」と考える祖父の影響でした。エンジニアでもあった祖父はブルドーザーのエンジンが壊れれば自分で修理したばかりか、小さなクレーンなら自分でつくるほどでした。風車も自分で直しますし、荒れた道もならしていました。

それを見て、自分でも経験したベゾスはこう考えるようになりました。

「あのような田舎で生活すると、自存的にならざるを得ません。なんでも自分でするようになるのです。壊れたら直す、というわけです。初めてのことをしようと思えば、そこまでしなくてもと思われるくらい根気よく作業を進める必要があります」

機械が壊れたら直せばいい。必要な道具があればつくればいい。問題があっても熱心に根気よく諦めることなくやり続ければたいていのことは解決できるという自信を、ベゾスは牧場での仕事を通して身に付けていくことになりました。こう話しています。「人里離れたへんぴな牧場で生活していくには本当に辛抱強くなくてはならない」

こうして身に付けたやり方がアマゾンの創業にあたり大いに役立つことになりました。アマゾンのように新しいことをやろうとすれば、借り物を使うのではなく、すべてを一からつくり上げることが必要です。

当然のことながら問題も起こります。しかし、そんな時も決して諦めることなく熱心に根気よく丁寧にやり続ければ問題は解決するし、良い結果がもたらされるという自信や信念を、ベゾスは少年時代に牧場で祖父から学び、そして社会に出てからも実践し続けています。ベゾスは仕事において何よりもスピードを重視しますが、そこから結果が出るまで、より良いものができるまで、とことん改善し続ける根気強さも持ち合わせています。

ベゾスはもう一つ、祖父からとても大切な教えを受けています。10歳の頃、ベゾスは祖父母と一緒にキャンピングカーに乗って旅をしたことがあります。ベゾスの祖父母は何年かに一回、エアストリームを車につけて、ほかのエアストリームオーナーと一緒にあちこち旅をしていましたが、その旅にベゾスも同行しました。

祖父が運転し、祖母は助手席で始終タバコを吸っていました。計算の得意なベゾスは、以前に新聞で目にした「タバコを一回ふかすごとに2分寿命が縮む」という記事を元に、祖母の寿命がどのくらい縮むかを計算しました。

そしてある日、祖母にこう言いました。

「タバコを一回ふかす度に2分寿命が縮むとすると、おばあちゃんの寿命は9年分縮んでしまっているんだよ」

当時、祖母のマッティ・ガイスはがんと戦っており、余命は長くありませんでした。それを知らなかったベゾスはこう祖母に言った後、てっきり祖父母から頭の良さをほめてもらえると考えていましたが、現実は違っていました。祖母は泣き出してしまい、祖父は黙って道の端に車を止めて、ベゾスにも降りてくるようにと言いました。そしてベゾスを見て穏やかな口調でこう言いました。

「ジェフ、賢くあるより優しくあるほうが難しいといつか分かる日が来るよ」

以来、ベゾスはこう考えるようになりました。

「賢さは生まれついてのものですが、思いやりは自ら選びとれるものです」

賢さや賢明さは生まれ持った才能であり、天から与えられたものですが、親切さや優しさ、思いやりといったものは自ら選択するものであり、先に思いやりや親切さが選択されてこそ、賢さは才能になるのだ、と。

もし賢さという自分の才能におぼれて、親切さや優しさ、思いやりを置き去りにしてしまったら、自分が祖母にしたように大きな間違いを犯すことになります。だからこそ才能ある者は、才能に惑わされてはならず、常に優しさを持ち合わせなければならないというのがベゾスの考え方になりました。

未来を担う子どもたちのために

ドナルド・トランプ大統領とベゾスは、大統領選挙期間中から激しい非難の応酬を行っています。アマゾンを税金逃れと罵り、「ワシントンポスト」をフェイクニュースと攻撃するトランプに対し、ベゾスが送ったのが「ブルーオリジンのロケットに彼の席を用意しておくよ」というものでした。

ベゾスがワシントン州に宇宙探査の会社「ブルーオリジン」を設立したのはアマゾンが苦境にあった2000年のことです。

株価が急落、利益を出せる会社であることを証明するために経費削減などに取り組む一方、ベゾスは子どもの頃から抱き続けた夢を実現するために行動を起こしています。

ベゾスの子ども時代の夢は宇宙飛行士か物理学者になることでした。高校時代、NASAが後援した学生コンテストに「普通のイエバエの老化速度に対する無重力の影響」という論文で応募、アラバマ州ハンツビルのNASAマーシャル宇宙飛行センターへの旅にも招待されているほどです。そして将来は商用宇宙センターをつくりたいと公言していましたし、そのためにお金持ちになりたいとも考えていました。

きっかけは子ども時代に見たアポロ宇宙船の月着陸でした。こう話しています。

「5歳の時、ニール・アームストロングが月を歩くのを見たんですよ。それが、科学、物理、数学、探検への情熱をかき立ててくれたのです」

以来、ベゾスは「いつの日か宇宙へ」と考えるようになったといいますが、だからといって世界の大金持ちがやるように、大金を投じて自分一人が宇宙へ行ければいいとは考えていませんでした。

記者から「いつの日か月を歩きたい、と?」と聞かれてこう答えています。
「大事なのはそこではありません。国際宇宙ステーションやソユーズに乗ってみたいというだけのことなら、できないことはないんです。ただ3500万ドルかかります。私は、宇宙へのアクセスをもっと安価にしたいのです」

NASAへの敬意

このあたりは人類を救うためにスペースXを創業、ブルーオリジンに先行するイーロン・マスクとよく似ています。ベゾスの関心は自分が宇宙へ行くことではありません。ベゾスは「人類を月へ」いう壮大なビジョンの下で進められたNASAの活動そのものに敬意を表しています。

ブルーオリジンを設立したのは、予算削減の影響もあって低迷するNASAが進めていることにしびれを切らせたからではないかと聞かれ、こう答えています。

「NASAは国の宝であり、そのNASAに失望すべきというのはあんまりです。私が宇宙に興味を持っているのは、5歳の時、NASAはすごいと感動したからです。5歳の子どもを感動させられる政府機関がいったいいくつあるでしょうか。NASAの仕事は技術的にはとても難しく、しかもどうしてもハイリスクとなります。そのなかでNASAは素晴らしい仕事をしてきました。小さな企業でもなにがしかの宇宙開発ができるのは、NASAの肩に乗り、その成果と創意工夫を利用できるからです」

そんなNASAの素晴らしい業績の一つ、海中に沈んでいたアポロ11号のエンジンを回収するプロジェクトにベゾスは取り組むことになりました。

エンジン回収プロジェクトはベゾスとNASAの合意のもとに行われ、資金はベゾスが提供するものの、エンジンの所有権はNASAにあり、回収されたエンジンはワシントンDCのスミソニアン博物館やシアトルの航空博物館で展示されるようNASAに依頼していると発表しました。

2013年3月、エンジンは無事回収され、数ケ月に及ぶ調査を経て、アポロ11号のエンジンであることを示すユニット番号「2044」が確認されました。素晴らしい成果でした。

しかし、ベゾスにとってアポロ11号のエンジンを回収することは本業にとって何のメリットもありません。ベゾスは元々有名人であり、今さら売名行為に走る必要もありません。

にもかかわらず、ブルーオリジンを設立して宇宙開発への資金を投じ、アポロ11号のエンジン回収に資金を投じるのはなぜでしょうか。エンジンの回収に成功したあと、こんな話をしています。

「NASAは5歳の子どもをその気にさせる数少ない組織のひとつだと思います。私自身がまぎれもなくそうだったし、今回のプロジェクトによって、何かを発明したい、冒険をしてみたいとそう考えた子どもたちもいたのではないでしょうか」

2010年、プリンストン大学の卒業式スピーチでベゾスは「君たちは人類が目を見張るような技術と科学の発展の目撃者になるだろう」と語りかけたうえで、アイザック・ニュートンやガリレオ・ガリレイ、ジュール・ヴェルヌのような歴史上の偉人たちはきっと現在のこの瞬間に生きていたかっただろう、と話しています。

ベゾスはテクノロジーが人類をもっと幸せにできると信じていますが、そのためには未来を担う若者や子どもたちが発明や冒険に関心を持ち、絶えず挑戦することが必要です。

NASAが5歳のベゾスに大きな夢や憧れを抱かせたように、ベゾスも若者や子どもに夢や憧れを持たせるような仕事をしたいと考えているのです。

ベゾスが「ワシントンポスト」を買収した理由

インターネットが急速に発展したことでその存在価値を大きく揺さぶられたものは数多くありますが、代表的なものの一つが伝統メディアである新聞です。新聞の置かれている状況がどれほど厳しいかは「ワシントンポスト」の大株主だったウォーレン・バフェットが2008年、経営するバークシャー・ハサウェイの株主総会で口にした言葉がよく表しています。

「ある人物がこんなことを言ったと想像してみてください。素晴らしいアイデアが浮かんだよ。数枚重ねの紙をみんなに届けて、昨日の出来事について読んでもらうんだ」

バフェット自身はいくつもの新聞を読み、いくつもの新聞社に投資していますが、新聞や雑誌、テレビといった伝統的なメディアの将来に関しては「数年前に期待したほどの好業績にはなりそうもありません」とはっきりと言い切っています。

インターネット関係の人間はもっと辛辣《しんらつ》です。インターネット時代を切り開くうえで大きな役割を果たしたネットスケープの創業者マーク・アンドリーセンはある時、「君が新聞の発行人だったらどうする?」と聞かれて即座に「売り飛ばすね」と答えています。

伝統メディアを苦境に追い込んだ張本人とも言えるグーグルの創業者ラリー・ペイジも新聞の未来には悲観的な見方をしていましたが、2008年、「君ならどうやって新聞を救済する?」と聞かれ、「見当もつかないな。分かっていれば、少なくとも助けようとはするさ」と答えています。

実際、ある時期には「ニューヨークタイムズ」の買収を検討したこともありますが、自らコンテンツ・プロバイダーになることのリスクを考えて取りやめています。一方でインターネットによるニュース配信の弊害については「ページビューの多い記事は、たいてい記者がやりがいを持って書くような記事じゃないんだ」とも指摘しています。

記事の質が高いかどうか、内容が本当かどうかということと読者の関心の高低は必ずしも関係ないところに今日的課題があります。ましてやドナルド・トランプが大統領になって以降、「フェイクニュース」という言葉がマスコミに対して堂々と投げつけられるようになっています。

これでは新聞を取り巻く状況は悪化の一途ですが、そんな苦境に立つ新聞社をわざわざ買収したのがベゾスです。

2013年8月、ベゾスが「ワシントンポスト」を2億5000万ドルで買収したというニュースは驚きをもって迎えられました。同紙は投資銀行によって入札にかけられていましたが、最も良い条件で、最も高い価格を提示したのがベゾスでした。「一体なぜ?」とみんなが疑問を持つ中で、ベゾスは同紙の意義をこう述べました。

「ジャーナリズムは自由社会において、きわめて重要な役割を果たしています」
ベゾスは同紙の社主グラハム家がこれまで示してきた二つの勇気を讃えました。

「ひとつは『待つ勇気』であり、ことを急がず、別のニュースに当ってみる。2つ目は、どれほどの代償を払おうと事件を追い続ける勇気」

1972年から73年にかけて「ワシントンポスト」は「ウォーターゲート事件」を報道することで大変な苦境に立たされています。事件の報道は不法侵入事件に端を発していますが、再選されたニクソン大統領は不法侵入には関与していないと否定、事件を追及し続ける同紙に対して執拗な攻撃を行っています。司法長官は社主であるキャサリン・グラハムに圧力をかけ、株価も急落、経営的にも厳しい状況に追い込まれましたが追及の手を緩めることはなく、その執念が最終的にニクソン大統領を辞任に追い込むことになっています。

この時期に救世主となったのがバフェットですが、ベゾスもこうした同紙の姿勢を高く評価していました。もちろん新聞社の置かれている厳しい状況もよく理解しています。買収が決まった後、ベゾスは同紙の社員に向けて「日々の経営には関わらない」と断ったうえで、こうコメントしています。

「インターネットによってニュースの取り扱いはいずれも本質的な変化を繰り返しています。報道サイクルは短縮し、安定した収入源も減っている。低コスト、あるいはコストをかけずにニュースを配信している競合他社も存在します。未来を指し示す地図は存在していません」

ベゾスはキンドルの開発にあたって「本という形」ではなく「そこにある情報」に注目したように、恐らく「新聞という形」ではなく、「良質なジャーナリズム」に注目しているのでしょう。「ワシントンポスト」を手にして以来、トランプ大統領のベゾスへの口撃は熾烈さを増していますが、そんなトランプ大統領の発言をベゾスは「民主主義をむしばむ発言だ」と批判しています。

インターネット時代における新聞の未来はまだ見えていませんが、「すべては長期に及ぶ計画」と言い切るベゾスなら、きっとその「回答」を見つけてくれるのではと期待する人も確実に存在しています。

Column 7

ベゾスの人生観・仕事観

本書ではここまでアマゾンを成功させたベゾスのビジョンや考え方を中心に見てきましたが、最後にベゾスの家族に対する考え方や、時間術を中心とした仕事観を紹介することにします。

ベゾスは本書でも何度か紹介したように徹底した「Aクラス人材の信奉者」です。「一緒に働く人材のクオリティ水準を高く保つこと、それが自分の仕事の一つだといつも考えていた。Aプレーヤーしかいらないという目標を組織にしっかり植え付けようとするのだ」はスティーブ・ジョブズの言葉ですが、ベゾスも同様に創業期からとことんAクラスの人材の採用にこだわり続けています。

シリコンバレーには**「バカの増殖」**という言い方があります。創業時にはAクラスの人間を意識して雇おうとしますが、油断をしているとAクラスにBクラスの人間が混じり、彼らがCクラスの人間を採用することでまたたく間に人材の質が低下して、バカの増殖が起きてしまうという負の循環です。

だからこそベゾスは採用基準に妥協することなく、常に上げ続けようとしたのです。それは「採用する」だけでなく、「共に働く」場合も同じでした。

ベゾスがバンカーズ・トラスト社の史上最年少副社長という地位を捨てて、D・E・ショー社のスカウトを受け入れたのはCEOのデビッド・ショーが「実に頭のいい、ボスにふさわしい人」だったからにほかなりません。「私が知る限り、完全に発達した左脳と右脳を合わせ持つ数少ない人物だ」がベゾスのショーに対する評価です。

バンカーズ・トラスト社ですぐれたコンピュータシステムを開発したベゾスですが、さらに良いものを目指すためには「ウォール街で最も洗練された技術を備えた企業」と評されていたD・E・ショー社は最善の選択でした。

副社長として入社したベゾスは二年後に同社最年少の上級副社長へと昇進しますが、仕事が忙しかったせいもあり、なかなか特定の恋人をつくることはできませんでした。ベゾスが望んだ人、それは「第3世界の牢獄から私を助け出してくれる女性」、つまり「臨機応変に対応できる知力に富む女性」でした。

ちょっと聞いただけではとても分かりにくい条件ですが、ベゾスはこう考えて主張を変えることはありませんでした。


「人生は短いから、つまらない人と付き合う暇なんてないですよ」


幸いベゾスのそばにはマッケンジー・タトルという素晴らしい女性がいました。ベゾスと同じプリンストン大学出身で作家志望の女性がD・E・ショー社で研究補佐としてベゾスの部下についたことで、ベゾスは望み通りの女性と出会うことができたと言えます。

2人は1993年に結婚、翌年からベゾスの「アマゾン創業」という目標に向かって一緒に歩み始めることになりました。

世界一の投資家ウォーレン・バフェットによると、「自分よりも優れた人間と付き合えば、こっちもちょっぴり向上しますが、自分よりもひどいやつらと付き合えば、そのうちにポールを滑り落ちてゆく」ことになるだけに、一緒に働く相棒や、会社を任せる人まで、結婚相手を探すくらいの気持ちで選ばなければならないというのがバフェットの信条ですが、それは常々「ウォーレンの言うことには耳を傾けないと」と言っているベゾスの信条でもあります。

人間にとってどんな人とでも分け隔てなく付き合うということは大切なことですが、たとえば一緒に仕事をするとか、人生を共にするとなると、やはり尊敬できる人、心の底から愛せる人を選びたいものです。誰と働くか、誰とともに過ごすかを選ぶことは人生にとってとても大きな意味を持っています。ベゾスの言うように**「人生は選択の結果」**なのですから。

採用にあたってはとことん人を選び、無茶な注文を平気でぶつけ、なおかつ「速さ」も求めるのがベゾスです。結果、ベゾスの下で働くことは「無茶苦茶働く」ことになりますが、ベゾス自身は早くから**「睡眠時間は必ず8時間取る」**

ことと、**「早寝早起き」**を徹底しています。

「ウォール・ストリート・ジャーナル」の「睡眠　新しいステータス・シンボル」と題した記事でこう発言しています。

「8時間は必要で、ほぼ毎晩その睡眠時間をとっている。どんな心配事があっても、電気を消したら5分後にはもう寝ている」

さらに「早寝早起き」も厳守しており、「本当に頭を使うことになる事柄は午前10時から始まるミーティングで処理」をして、夕方5時には考えることをやめ、「明日の朝10時にまたトライする」ことを習慣にしています。

めちゃくちゃ働かされている社員の気持ちはともかく、こうした「自分のスタイル」への強いこだわりもベゾスの特徴の一つと言えます。

参 考 文 献

本書の執筆にあたっては、次の書籍・雑誌を参考にさせていただきました。いずれも大変な労作であり、学ぶところが多かったことに心より感謝いたします。また、多くのウェブサイトも参照させていただきましたが、煩瑣を避けて割愛させていただきます。

『ワンクリック――ジェフ・ベゾス率いるAmazonの隆盛』
リチャード・ブラント著、井口耕二訳、滑川海彦解説、日経BP社

『アマゾン・ドット・コム』
ロバート・スペクター著、長谷川真実訳、日経BP社

『ジェフ・ベゾス 果てなき野望――アマゾンを創った無敵の奇才経営者』
ブラッド・ストーン著、井口耕二訳、滑川海彦解説、日経BP社

『時代をきりひらくIT企業と創設者たち4 Amazonをつくったジェフ・ベゾス』
ジェニファー・ランドー著、スタジオアラフ訳、中村伊知哉監修、岩崎書店

『イノベーションのDNA』
クレイトン・クリステンセン、ジェフリー・ダイアー、ハル・グレガーセン著、櫻井祐子訳、翔泳社

『CEO OF INTERNET ジェフ・ベゾス、かく語りき』
スティーヴン・レヴィ著、若林恵訳、コンデナスト・ジャパン

『amazon 世界最先端の戦略がわかる』
成毛眞著、ダイヤモンド社

『週刊東洋経済』
2012年12月1日号、2016年3月5日号、2017年6月24日号、東洋経済新報社

『Newsweek』
2017年9月5日号、CCCメディアハウス

桑原晃弥（くわばら・てるや）
1956年、広島県生まれ。経済・経営ジャーナリスト。慶應義塾大学卒業後、不動産会社、採用コンサルタントの分野で実績を積んだ後、ジャーナリストとして独立。トヨタ式の普及で有名だったカルマン社の顧問として生産・ビジネスの現場を幅広く取材、トヨタ式のテキストや書籍の制作を主導した。一方でジェフ・ベゾスやウォーレン・バフェットなど、成功した個人の研究をライフワークとし、人材育成から成功法まで鋭い発信を続けている。
著書に『スティーブ・ジョブズ名語録』（PHP文庫）、『ウォーレン・バフェット巨富を生み出す7つの法則』（朝日新聞出版）、『トヨタ式5W1H思考』（KADOKAWA）、『イーロン・マスクの言葉』（きずな出版）などがある。

本作品は当文庫のための書き下ろしです。

だいわ文庫

amazonの哲学《てつがく》

著者　桑原晃弥《くわばらてるや》

二〇一九年二月一五日第一刷発行

発行者　佐藤靖
発行所　大和《だいわ》書房
東京都文京区関口一―三三―四　〒一一二―〇〇一四
電話　〇三―三二〇三―四五一一

フォーマットデザイン　鈴木成一デザイン室
本文デザイン　三森健太（JUNGLE）
本文印刷　厚徳社
カバー印刷　山一印刷
製本　ナショナル製本

ISBN978-4-479-30743-3
乱丁本・落丁本はお取り替えいたします。
http://www.daiwashobo.co.jp